Collins

Big book of
Su Doku

Book
5

D0995936

Published by Collins
An imprint of HarperCollins Publishers
Westerhill Road
Bishopbriggs
Glasgow G64 2QT
www.harpercollins.co.uk

10 9 8 7 6 5

All puzzles supplied by Clarity Media

ISBN 978-0-00-832417-9

Printed and bound by CPI Group (UK) Ltd, Croydon CR0 4YY

If you would like to comment on any aspect of this book, please contact us at the above address
or online.
E-mail: puzzles@harpercollins.co.uk

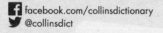 facebook.com/collinsdictionary
@collinsdict

MIX
Paper from
responsible sources
FSC™ C007454

FSC
www.fsc.org

This book is produced from independently certified
FSC™ paper to ensure responsible forest management.

For more information visit: www.harpercollins.co.uk/green

EASY
SU DOKU

PUZZLE 1

	1	9			8		5	
9				6	8		7	1
8		6		5		2		
		7		3				
3			5		4			6
				8		7		
		8		1		6		9
1	6		8	4				7
7		5			2		1	

PUZZLE 2

		4		7	8			6
		3	1					
	1		3	4	6	5		9
			8	5				3
	3	1				6	5	
2				6	3			
5		7	6	8	9		4	
					4	7		
3			7	1		9		

PUZZLE 3

		2				3	4	
3			9	2		1		5
1	4			3				2
6	2			1		9	5	
	3	9		6			8	1
5				7			1	9
2		3		4	1			8
	1	4				5		

PUZZLE 4

	9	1			8	3	7	
8		5	7		9	2	1	
2				1		9		
			2	9		4		
		2		3	6			
		3		5				2
	1	8	3		2	5		9
	2	4	9			1	6	

PUZZLE 5

2		6			7	9	1	
		8	3		9	7		6
			6	8			3	
		2	8					
		7		5		8		
					4	1		
	2			6	5			
8		1	2		3	6		
	6	3	9			2		7

PUZZLE 6

6			7			5		8
			6				9	7
			1		5	4		
	8		9		1	2		4
	5			7			1	
9		4	2		8		7	
		5	3		7			
1	7				4			
4		3			9			5

PUZZLE 7

			3		2	5		7
			7			6	3	1
5		7						2
1	2			7			4	
3				1				5
	5			8			7	3
7						3		4
2	8	3			5			
6		4	1		7			

PUZZLE 8

			7		4		2	6
			5					
6		4	2	3	9			5
8	6					4		7
2				8				1
4		5					8	2
7			3	4	2	5		9
					7			
9	3		1		6			

PUZZLE 9

			9				3	
				3	4	9	8	7
								4
2		5	4		9		1	
1		3	2	8	6	4		9
	4		3		5	8		2
4								
5	6	1	7	4				
	3				8			

PUZZLE 10

	6			9			8	
2	5			4	6			
	3	8		7		6		1
						5		7
7		2		6		3		9
3		5						
6		3		5		8	7	
			3	2			5	6
	1			8			3	

PUZZLE 11

		8			6			
7	5	2	4			1		
1	6		5		2			4
			6	2			1	
6				7				5
	1			4	5			
4			3		7		2	1
		6			8	7	4	3
			2			6		

PUZZLE 12

8		2	1			9	5	
		1		6		3		
	5	9		4	8	1	6	
		6						
1				9				3
						2		
	2	8	3	7		5	1	
		3		5		8		
	1	5			9	4		6

PUZZLE 13

		2			4		7	
	9						5	
5		8				3	2	1
	5		8	4		1		
		1	6		2	4		
		6		5	1		9	
3	6	4				5		9
	2						4	
	1		4			8		

PUZZLE 14

					5			
6					9	5		1
	5			2	1	3	9	
2	9			1			3	
3		1				7		4
	8			3			1	9
	3	6	1	5			8	
1		8	9					5
			6					

PUZZLE 15

9	7					5		
		3	7		2	9		
1		8		3	9			
	8			4				
4	9	1				7	5	2
				7			8	
			5	8		4		1
		4	6		7	8		
		5					7	6

PUZZLE 16

7	8					4		3
		1	2			7		
		2					9	1
			6		1			9
	4	8	3		9	2	5	
3			5		2			
8	5					3		
		4			3	5		
2		3					4	8

PUZZLE 17

1		5						
8				2	3	4	1	9
2				1		7	5	
						9	6	7
	5						3	
7	2	6						
	8	1		9				4
4	7	3	6	8				1
						8		6

PUZZLE 18

9		4		8				
7		5			2			
8	1			9	5			
4		1		2	7			5
	8						2	
2			8	5		7		9
			9	7			5	6
			2			9		3
				1		2		4

PUZZLE 19

				1		9		4
		1		2	9			
			3	7			1	
5		9			3		4	6
6		4				5		1
2	1		5			7		9
	5			6	1			
			7	5		4		
7		2		3				

PUZZLE 20

	4	7						
5	2		6	4				8
			5	1		4		3
2	7	8				5	3	
	3	5				7	6	1
7		9		2	1			
3				5	6		9	7
						3	1	

PUZZLE 21

	6				9	5	2	
4					3		8	
	9		4	5	8			
			3					2
6	8		2		5		9	1
2					4			
			8	4	7		3	
	7		9					5
	4	8	5				7	

PUZZLE 22

	8	4	5	6				3
		9		1	3	7		8
					6			
		1	6	4			8	
	4						6	
	7			2	1	5		
		2						
3		8	1	9		2		
4				3	2	8	1	

PUZZLE 23

		5	1		2			
7	4			5				1
		1		8	6	5		
1		7		2			4	
	3						2	
	2			6		8		5
		4	2	3		1		
8				1			5	2
			5		8	3		

PUZZLE 24

				2	5	8	7	6
				6			1	
6	7					2		5
	2	6	8					7
			2		1			
5					6	4	2	
7		5					6	2
	1			4				
8	6	2	5	9				

PUZZLE 25

1	2	8	6	7	3	5		
		3						
	7				8	3	2	
				5	6			
	5		9		4		3	
			1	2				
	3	2	8				7	
						8		
		1	7	9	5	2	6	3

PUZZLE 26

	7				2		6	
		2		3	6			
6	3				9		2	
				1		5	3	8
3			6		8			7
8	1	5		9				
	5		9				8	4
			4	6		3		
	6		3				7	

PUZZLE 27

6	9		2		4	3		
	1	3						
5				9		6	2	
	2			1	9	8		
			6		8			
		4	3	2			6	
	7	9		3				5
						7	9	
		5	9		2		8	6

PUZZLE 28

		4					7	
		7		6	3	1		2
		9		4	8		6	3
			5	7		2	8	
	9	2		1	6			
9	7		4	3		6		
8		6	1	9		4		
	4					7		

PUZZLE 29

			2		5	7	6	
		2						
6	7		8		1			3
	2		9	1		3		
7	6						2	5
		9		2	7		8	
9			1		8		5	2
						8		
	8	3	6		2			

PUZZLE 30

9	5			7		3		
7	1							2
			6				7	4
		2			8		9	7
	7		4		9		5	
6	9		7			2		
3	2			8				
1							2	5
		5		9			3	6

PUZZLE 31

					8			1
2		7				4		
	3	8		7	1		2	
		3	8	9		1		
1		4				8		2
		6		1	4	5		
	8		1	4		6	3	
		1				7		4
9			6					

PUZZLE 32

	7			9				5
			4	2	5	6	7	
			6				1	
		5		7		1		8
3		7				9		2
9		1		6		7		
	3				6			
	2	4	9	5	1			
5				8			2	

PUZZLE 33

	9			5	1		7	3
			3			1		
					2	8	6	9
				3		7	5	1
1								4
4	2	7		8				
9	7	3	5					
		2			3			
5	1		4	2			3	

PUZZLE 34

	7							
		4				1	5	9
1					8			7
	1		8		2		6	5
	8	7	1		5	3	2	
2	6		9		3		1	
3			7					2
7	2	1				5		
							7	

PUZZLE 35

					5	2	9	
3				6	2			1
	2		8					5
		3		2			1	
2		9	7		8	6		3
	4			3		8		
1					7		3	
7			2	9				6
	5	4	6					

PUZZLE 36

	4							
5			4	1		6		3
1			6			5	4	
		8		4		3		9
		4	3		5	8		
3		1		9		2		
	1	3			7			6
8		7		6	4			5
						8		

PUZZLE 37

			7	4			6	9
	6							
4		7		1			2	
5	3			2		7		6
		6	5		1	9		
8		2		6			3	5
	7			9		6		4
							9	
6	2			8	4			

PUZZLE 38

6					2	1		
	8		9	7		2	3	
4			5	6		8		
2						9	8	1
5	7	9						3
		6		2	5			8
	2	1		3	9		5	
		3	8					2

PUZZLE 39

		8		6	9			5
	4		5			8		6
			1					
5	2	4					8	
1		9	7		4	6		3
	7					1	5	4
			4					
3		5			1		4	
4			9	2		3		

PUZZLE 40

7			3		8			1
		6			7			
9		3	5					
5				2		3	7	9
3		9				1		8
1	7	8		3				4
					6	8		5
			1			9		
6			4		3			7

PUZZLE 41

		8	4					
						1		8
3	5	2	1					7
		7		4	9	8		
	4	9	3		1	2	7	
		1	7	5		4		
2					7	9	8	1
9		5						
					4	7		

PUZZLE 42

		2		7		6	1	9
					2		8	
1		4			6			
5				8		2		6
2			4		7			8
6		1		2				3
			7			3		5
	3		2					
4	1	5		3		8		

PUZZLE 43

6	7		9	3				
		4	7	8			5	9
	9				2	4		
				9				
	5	7	4		3	8	2	
			2					
		9	6				8	
5	2			9	7	6		
				2	8		9	7

PUZZLE 44

		5		8		3		7
6	7			2		8		
8				1				6
5					2	6		
	4	9				5	3	
		2	5					4
2				7				5
		7		5			6	8
4		8		9		7		

PUZZLE 45

	6	3				4		
5		1		2		3	7	
	4		5		7		6	
				4	3	8		
			8		1			
		8	7	6				
	8		2		6		9	
	2	5		1		6		7
		6				2	4	

PUZZLE 46

	7	3		9				
			4	2	7			
4			1	8			9	5
	2	4						1
		8	7		2	5		
9						4	2	
2	9			7	4			3
			2	5	6			
				3		6	8	

PUZZLE 47

1	6			8		3	2	
		8			1			
4					7	1		
8		9		3			1	
	7	6				5	9	
	4			5		8		3
		4	1					5
			2			7		
	1	7		4			3	6

PUZZLE 48

	6			8			3	4
	3				9			
9	7			4	3	6		
	4	1						8
	8	6				2	5	
5						1	4	
		4	9	6			7	5
			8				2	
8	5			2			6	

PUZZLE 49

	5		8	1	9			6
	8	6		4			3	1
			3					
8							5	
2	4		5		1		6	8
	6							2
				5				
4	9			2		3	8	
5			4	7	8		1	

PUZZLE 50

9			3					1
	2							
4				9		2	8	3
6		8	9	7		4		
		4	6		2	3		
		9		1	4	8		6
3	9	6		5				8
							3	
5					1			9

PUZZLE 51

	7		3					2
		5	6		7			
	6		1	2	8			
5	4			3		8		1
	2						6	
9		7		8			2	4
			8	6	3		4	
			4		9	1		
6					1		9	

PUZZLE 52

5				3	9	6	8	
		3				4	7	
	4		6	1		5		
	8				5			
2		5				8		7
			2				6	
		6		9	1		5	
	5	9				2		
	3	7	5	2				8

PUZZLE 53

			4	1		7		5
	4	6				9	2	
		5			2		4	
	2		1		5			7
			3		4			
1			6		8		5	
	7		8			6		
	6	1				5	9	
5		3		6	1			

PUZZLE 54

		6						
2	4		5	9	1			6
7					6			
4	2			5		1	9	
9			8		2			3
	3	5		1			2	4
			4					5
6			9	2	5		3	1
					9			

PUZZLE 55

					6			
	6	4	9	2			3	
	2		8	4		9	6	
6					8	4	1	
		2				3		
	8	1	7					2
	1	8		5	7		4	
	4			6	2	5	8	
			4					

PUZZLE 56

7				6		3	5	2
		2	5					8
						4		
2	7			9	8	6		
6			1		4			9
		9	6	5			2	3
		1						
8					5	1		
4	5	7		1				6

PUZZLE 57

			6		3	5		1
7		2						3
5			4		2		7	
1							3	
3	2	6				7	1	8
	4							9
	1		7		9			4
9						3		7
6		8	3		4			

PUZZLE 58

								1
	4		8		1	2		
6		1	5			7	3	8
	9	5	4	6				2
4				2	8	5	9	
9	1	2			6	4		5
		8	7		5		2	
5								

PUZZLE 59

	8			9	6	7	5	
			8		1		4	
2					4			9
8		2					3	7
	4						9	
9	7					8		4
7			4					6
	2		5		7			
	3	1	6	8			7	

PUZZLE 60

		7		9		2		
1			8				7	
			4		7			1
2		4	9		6	7		
8		9				1		6
		3	1		5	4		9
3			7		9			
	6				8			7
		8		4		5		

PUZZLE 61

								4
		1	6	5		2	3	
7	6	3					9	5
		6		2			7	
		9	1		4	3		
	1			6		9		
1	2					7	4	9
	9	4		1	2	6		
6								

PUZZLE 62

			3	7				
	6	5	8	4		9	3	
				9	5		1	6
9						1	2	
		8				3		
	2	7						8
3	9		5	8				
	8	6		1	9	2	5	
				3	7			

PUZZLE 63

	7				6	1		8
	5		7	1		6	2	
	6		5				3	4
					4			
8		5				4		3
			3					
2	4				1		6	
	1	3		7	2		8	
5		7	6				4	

PUZZLE 64

4		5	8		3		6	9
		6				7		
			5		6	8		
	6	9			7		1	
7								4
	1		2			5	7	
		1	7		5			
		7				3		
5	4		1		9	6		7

PUZZLE 65

7					4			1
		9		2	8	3		
2	6						7	
4					1	9	2	
5		7				1		4
	2	1	4					3
	1						3	2
		5	1	3		4		
3			8					9

PUZZLE 66

		3	2	8			4	
				9	6			2
2	9				4			8
7		8		4			9	
			8		7			
	4			6		8		7
8			4				3	6
3			6	2				
	1			5	9	2		

PUZZLE 67

				4				
	2	3	5			7	4	
	9		3		2			
4	6				8	5		1
		7	4		6	2		
2		1	9				8	4
			6		7		1	
	7	6			4	9	2	
				9				

PUZZLE 68

	4		9				8	
9				2	8		4	
5						3	9	1
	1							3
	8	9	6		7	4	1	
6							2	
8	6	2						9
	9		1	5				2
	5				9		3	

PUZZLE 69

				5			9	
3						8		
	5	4		9		6		1
7		9	1	3				8
		3	2		7	5		
5				4	9	1		3
1		5		7		3	2	
		6						4
	3			1				

PUZZLE 70

					7			
	8		4	2		3	7	1
1								9
5	9			6	8	2		
	3	2				8	9	
		8	3	9			1	5
2								8
4	1	9		8	5		2	
			2					

PUZZLE 71

				9		1		
4		7		6		9	3	2
	9							5
8	1			7	9	4		
			8		6			
		2	4	3			9	8
7							4	
3	6	8		4		7		1
		4		5				

PUZZLE 72

	1	2	4	5			7	6
				7	9	3		
						1	4	5
	7			9	3			2
2			7	6			3	
8	3	5						
		1	3	4				
7	4			8	6	2	1	

PUZZLE 73

8	5			1		7		
		9	4	8			6	
7			6		9			
			9	7				
	6	5	2		4	8	9	
				6	8			
			7		6			5
	9			2	1	6		
		7		9			1	4

PUZZLE 74

	2				7		4	
		3		1				
					8	3		7
	5	7			2	4	3	
	3	8	7		9	1	5	
	9	1	3			7	6	
1		5	8					
				7		8		
	8		5				1	

PUZZLE 75

			7			9	6	1
			1	2				4
	4			6	9		2	
		2			8		1	9
			5		2			
9	8		3			2		
	5		2	1			9	
2				8	3			
1	9	7			6			

PUZZLE 76

			6		4	7		9
		7			8		3	
		2			7			5
8					1		6	
5	9		7		2		8	3
	7		3					2
2			9			6		
	1		8			3		
6		9	4		5			

PUZZLE 77

	6	9	5	3				4
		7	1	6			9	5
				9			8	
	5						7	8
		2				5		
6	3						1	
	9			5				
2	8			4	3	1		
5				8	2	9	4	

PUZZLE 78

6		1						9
				3				8
8	3	4		9				
	9	5		6	8	1		
	8		4		3		9	
		3	9	7		5	8	
				8		4	6	7
5				1				
7						9		1

PUZZLE 79

	2							1
4	3	9	8	1			2	
	8		2				7	4
		6		2	3			
3								9
			4	6		2		
7	9				2		1	
	6			9	4	7	5	8
5							9	

PUZZLE 80

			7					5
			2	6	8		4	1
				4	5	3		
		2			4		5	8
4	1						3	9
3	7		8			2		
		7	4	5				
2	6		1	8	9			
5					7			

PUZZLE 81

				2			3	9
1						4		5
	9				3	1	6	8
		3	9	6			4	
		4				5		
		1		3	4	6		
3	8	9	4				5	
7		1						4
4	5			7				

PUZZLE 82

			3				4	2
	1	9		6	2	3	8	
	5					7	6	
			8	3	6	1		
	6	3	1	5				
	9	1					2	
	8	5	9	2		1	3	
2	3				1			

PUZZLE 83

		7		5		4	3	9
	5	4			1	2	6	
			4			1		
2				3				
	7		5		4		1	
				1				3
		2			5			
	3	5	1			6	8	
4	1	8		9		5		

PUZZLE 84

		4					2	7
				8	2	4		9
3				7				
		7		2	6	5		3
6			7		9			4
8		3	5	4		7		
				6				8
2		5	4	9				
4	6					9		

PUZZLE 85

5	7	9		8				2
		6		3			5	
					7	6	8	
7				5	8			3
	3						6	
9			3	6				8
	9	3	6					
	1			9		5		
6				7		9	2	4

PUZZLE 86

					7	3		
7							8	5
2	3	4				1	7	
	4	3		5	6			1
			9		8			
9			2	4		5	3	
	6	1				9	5	2
3	9							7
		7	6					

PUZZLE 87

2	5					3		8
9			3	5			2	
6				2				7
3					9		7	
7			2		3			5
	2		7					3
5				4				9
	8			9	6			1
1		6					5	2

PUZZLE 88

		2	8					
4	7	6	1		5			8
8						1		
2				7	5			
5		4	6		8	7		3
		7	2					6
		8						2
6			9		4	8	7	1
					2	3		

PUZZLE 89

					2		3	7
	3						8	9
8					7	6	2	
		4	5	7			9	8
			4		1			
6	5			2	8	7		
	7	2	8					3
3	6						7	
4	8		7					

PUZZLE 90

6	7							5
5				3		9		
8		3	7	5		6		4
			8	2	3		1	
	5		6	9	7			
3		5		1	9	7		6
		1		7				3
7							5	1

PUZZLE 91

			4			6		
	1	6		7	9			8
2	7			6		4		
	5			2	4		6	
			7		5			
	2		9	8			4	
		7		9			5	4
9			8	4		1	2	
		2			7			

PUZZLE 92

		7	5	8				9
		8		6	3	5		1
3						7		
			3			1		2
5	9						8	6
2		1			8			
		5						4
4		9	8	3		2		
6				1	4	8		

PUZZLE 93

				7	4			1
		1			5	2		
5			2		1	8		4
	1	3		2			8	
6								9
	9			5		1	2	
4		5	3		8			2
		7	5			4		
2			7	4				

PUZZLE 94

				9		3	6	7
		3	6					
		9			1			5
5					9	7	4	
4	9		5		6		8	3
	2	1	8					6
7			1			6		
					3	5		
1	3	6		4				

PUZZLE 95

			2	1		8		
				6	4			5
	3		9		5	4		
8	1					2		4
	5	2				6	9	
9		4					3	8
		3	5		6		4	
5			4	9				
		9		8	7			

PUZZLE 96

4		7	3					
1	9			7	8	3		2
	2							
	4			8			3	6
		8	6		1	9		
6	3			4			8	
							2	
8		3	2	1			6	4
					4	5		3

PUZZLE 97

	8				3	4		9
3	5				8	7	6	
					4		8	
			1	9		5		
	3		4		5		7	
		7		3	6			
	6		5					
	4	9	6				1	5
2		5	3				4	

PUZZLE 98

3	7		9					
			4	7		9		
		9	1	5	3			
	6			3			7	
	9	2	6		4	3	5	
	5			9			6	
			3	6	2	5		
		1		4	5			
					9		2	4

PUZZLE 99

9	1				5			
	6				9			
	4	3	6	8				
	8	1		5			6	4
6	7						5	9
3	5			6		1	8	
			9	2	4	7		
			8				1	
			1				9	6

PUZZLE 100

4				2			6	
	5		8					
2			7			9	3	5
	7			5	1	8		6
		2				1		
9		8	2	6			7	
8	2	5			4			9
					2		8	
	3			1				2

MEDIUM
SU DOKU

PUZZLE 101

	4			9		2		
		5		3	4	6		
	6			2		3	8	1
2								9
1	3	8		4			2	
		3	2	6		1		
		1		8			7	

PUZZLE 102

5	1							
		3		7				
2	8			3		9	7	1
1	7	5						
			1		8			
						1	2	4
4	6	1		8			9	5
				9		4		
							3	2

PUZZLE 103

				9	3		1	
9					8	2		
	8				2	7		
						6	7	1
		2				5		
5	7	6						
		5	4				9	
		1	8					5
	2		6	1				

PUZZLE 104

4		6	3					
	7							6
					5		8	
		1		8	6		5	
	3			7			6	
	6		2	5		7		
	1		9					
2							7	
					7	3		8

PUZZLE 105

6	4			9				
2	5	8	6					4
						6		7
	8				1		6	9
4	9		5				8	
9		2						
8					4	1	2	3
				8			9	6

PUZZLE 106

				1			9	
3		7		2				1
					5	2	4	
	3		5	4				
		2				5		
			8	6			2	
	7	1	6					
8				3		1		7
	6			7				

PUZZLE 107

				3				
	9				2		6	
	2		1			5		7
	6	9		1			4	
		1				9		
	3			7		8	5	
9		3			1		8	
	7		2				3	
				4				

PUZZLE 108

	4	9	5					6
6	5		8	7				
					3			
	6	2	1					
		1				5		
					6	2	8	
			7					
				1	5		4	3
3					4	7	5	

PUZZLE 109

				7		2		
	8				2			5
			6				1	7
2				3	6	1	9	
	6	3	1	5				2
5	7				9			
6			2				3	
		9		6				

PUZZLE 110

			1	4		2		
2		5			7	9		
					5	7		
	1		2					6
3								2
5					6		3	
		8	9					
		1	8			4		9
		2		7	3			

PUZZLE 111

	1	7	5	3				
2					4		9	1
		5						
	2				3		7	
5		6				1		9
	4		1				2	
						3		
6	8		3					2
				8	5	6	1	

PUZZLE 112

7			8					
	3	4			5			
9							5	1
4		1						6
		7	1	3	2	8		
3						1		5
2	4							9
			6			4	3	
				8				2

PUZZLE 113

		5				3		8
7						9		
			1	8				6
4	5			6				
		9	5		8	6		
				2			9	5
8				1	4			
		6						1
5		3				7		

PUZZLE 114

		6	7			8	9	
		7		6				3
3	5							
5		9		2			8	
	8						6	
	7			4		5		9
							2	1
6				9		7		
	2	1			5	6		

PUZZLE 115

		8				5		
	4	2		9				
	5		1		7			
8					5			
	7		8		4		2	
			2					3
			9		1		3	
				5		4	7	
		3				6		

PUZZLE 116

		5	3			2	4	7
					8			
								1
3					1	9	2	
		2	7		5	1		
	1	9	2					4
4								
			1					
6	7	1			2	5		

PUZZLE 117

5			8		7			9
						1	8	
		9	5			4		
		7	9					3
			1		2			
6					4	2		
		2			1	7		
	3	4						
8			2		9			6

PUZZLE 118

6			2			3		
7		9					2	
5				1	3			
4			9				1	
3			8		5			4
	9				7			2
			5	7				3
	7					6		1
		3			1			7

PUZZLE 119

	4	8						
1	6		2					7
7					4	6		
		5						9
			3	4	2			
8					7			
		8	5					2
2					1		7	5
					3		9	

PUZZLE 120

9						6		
3				1		8		
	6		5				4	9
	7			4	9			
2								6
			7	2			1	
6	1				3		2	
		7		9				3
		9						1

PUZZLE 121

7			3		6	9		
3							7	8
	9	1						
		2				3	4	9
				1				
9	5	7				8		
						6	9	
2	8							5
		3	9		4			2

PUZZLE 122

						6		5
		3	7					2
7				2	4	8		3
				4		5		
			6	9	1			
		7		8				
5		4	1	3				9
1					2	3		
8		6						

PUZZLE 123

7				8			5	3
					5	8		
		5		1				6
		8		5			2	9
	2						1	
5	7			4		3		
2				3		5		
		4	7					
1	6			9				7

PUZZLE 124

	8							9
	5	3					1	
2			6	3				
3		6		1	9			5
1			8	7		2		3
				2	4			7
	1					5	9	
7							2	

PUZZLE 125

		3						5
			4		3	6		2
			8	2		7		
	1			6			2	4
4	8			7			3	
		9		4	7			
1		4	2		9			
3						2		

PUZZLE 126

		6	8				1	
	4				1		6	5
7				2				3
		3			9			
5			7		2			1
			1			5		
6				8				4
8	1		4				9	
	2				7	8		

PUZZLE 127

	7		8		6	1		
	9			1	5			2
				2		7		
	1	3						6
		6				4		
4						8	5	
		1		7				
8			6	3			1	
		2	4		1		9	

PUZZLE 128

				8			7	
	5	1					3	
		2			3	5		9
	7				2			
		3	9		1	2		
			7				4	
4		5	8			7		
	1					4	8	
	9			7				

PUZZLE 129

							5	3
			7		9	1		
				2		4		7
				1	3	6		
1		6				8		9
	8	3	5					
8		2		5				
		5	1		3			
4	7							

PUZZLE 130

		1	2					
5	6			1				
		3		5	7		9	
	7	9					2	
	1	4				9	7	
	5					4	6	
	4		8	3		2		
				7			3	8
					9	6		

PUZZLE 131

	5	7	8					
6					3	2		
		3	6			4	8	
4	6				9			
				7				
			4				3	1
	1	6			5	9		
		8	9					2
					8	5	6	

PUZZLE 132

9		3		2	1	6		
		5						
			9	6				
	5						8	6
		9	2		7	1		
1	7						2	
				5	4			
						2		
		4	7	9		8		3

PUZZLE 133

			1	6		3		7
	3				7			4
		4		2				
	8				9	5		
		5				8		
		6	8				9	
				1		4		
2			3					1
6		1		9	8			

PUZZLE 134

6					4			8
		1				2	4	
		8	2		9	1	5	
		2			1			
7								4
			5			3		
	1	7	6		8	4		
	3	9				6		
2			3					9

PUZZLE 135

7		4	2					
		9		3	8			5
				1			2	
						2		7
4			9		2			6
6		5						
	7			2				
5			7	8		1		
					1	5		4

PUZZLE 136

	3			5	8			
								1
		2			1	6	7	
	8				7		4	6
4		7				2		3
5	2		4				8	
	9	5	7			3		
3								
			8	9			6	

PUZZLE 137

		3	9				8	4
1	2		4					
						5		
	1		2			8		
2			8		7			3
		8			3		4	
		2						
					9		5	8
4	9				6	1		

PUZZLE 138

7			3				1	
3			7			6		
5		9			1		2	
		8	4				7	
	7				6	4		
	6		1			8		2
		1			7			9
	5				3			1

PUZZLE 139

	2			4			6	1
			6		5			8
		1		9		3		
5					8		9	
	4		5					2
		9		8		2		
2			3		4			
6	3			5			8	

PUZZLE 140

4			6				1	7
8			4	5				3
		2		8				
		4	2					9
	6						5	
5					1	6		
				1		3		
6				9	4			5
3	9				6			1

PUZZLE 141

							6	2
6	4		1		5	8		
2				4	6			
	1					3		
	7						5	
		3					7	
			5	7				8
		8	4		1		2	5
5	6							

PUZZLE 142

3		1		8	2			
					3		9	
7			5	6				
1	5	9					3	
	3					7	6	5
				4	6			7
	2		3					
			2	5		6		8

PUZZLE 143

		8			6		5	4
			7	5			8	1
			3			6		
3		6	8					
	4						1	
					1	4		7
		2			5			
1	6			2	8			
9	7		4			2		

PUZZLE 144

				8	7	6		
		8		5				4
3	2			1				
2	8					1		
		9				4		
		3					2	6
				6			3	5
6				2		9		
		5	4	9				

PUZZLE 145

			6	2	3			
							7	
		6		5	9	1		2
	9					5		8
	7			4			2	
2		5					4	
1		3	8	6		4		
	5							
			2	3	7			

PUZZLE 146

4	9							6
					7		1	9
1		6		2		5		
		3			5			
		5	2		6	3		
			7			9		
		4		1		6		8
2	6		4					
8							3	4

PUZZLE 147

				3	2	6	5	9
3				4				
2			9					
		7	1			9		
	6						2	
		5			7	3		
				4				8
				7				3
5	8	9	3	1				

PUZZLE 148

3				2	9			
	1					2		
			6	3		7	4	
		9						4
	7			8			1	
2					4			
	4	5		6	7			
		8					7	
			2	1				9

PUZZLE 149

	3					1		
			3	8	6		9	
	9							
		1	9				4	8
	5		8		2		6	
8	6				4	9		
							2	
	1		4	3	5			
		6					3	

PUZZLE 150

								8
1	9			8			5	
			7		9	4		
			4			8		5
7	4			5			3	2
6		9			3			
		2	3		7			
	6			4			7	1
4								

PUZZLE 151

3	7		2					1
								2
				4	7		8	9
		4	6	1				
	2						1	
				2	5	7		
2	6		4	9				
8								
1					6		4	8

PUZZLE 152

3		5		4				9
					1			
	9	7		3		8		
	3		8	1				4
4				5	7		3	
		4		9		7	2	
			5					
5				7		6		8

PUZZLE 153

		6				7		
		5	9					8
				8	6		5	2
4				9		8		
	1		8		5		3	
		7		3				9
7	2		3	1				
6					4	3		
		1				2		

PUZZLE 154

		1			5	3		9
6				4		1		
			7			2		6
			1				3	
4								2
	1				9			
5		4			7			
		6		5				4
9		3	6			7		

PUZZLE 155

6				5			7	
					8	9		5
				1		8		
4			9	7			5	6
3	7			6	2			8
		7		2				
8		2	6					
	1			4				2

PUZZLE 156

							7	5
		8		5	3			
	5	9	6		4			1
						3	9	
	3			9			2	
	4	5						
3			5		8	1	6	
			1	6		9		
5	6							

PUZZLE 157

			8	5		6	2	
7	8				6		4	
				7				
1		4	6			2	7	
	7	6			2	8		9
				2				
	2		7				9	1
	6	7		9	5			

PUZZLE 158

			3		4			
1				7		5	2	
	6	9						4
					7			
	5	3				9	7	
			8					
6						4	3	
	9	4		5				6
			4		9			

PUZZLE 159

			4	9		7		
2			5					
		9					1	
		6			1		3	4
		3	9		8	6		
5	1		3			2		
	7					8		
					9			3
		5		2	6			

PUZZLE 160

					6	7		9
		8	1		9			4
			8		7		2	
						9	6	
2	1						7	3
	8	3						
	9		3		4			
8			9		1	3		
3		7	5					

PUZZLE 161

			4		9	8	6	
				1	6		7	
8	6							
						5		2
1			2		8			4
4		6						
							5	3
	3		9	5				
	8	9	3		7			

PUZZLE 162

		8	4		7			
		3		8		7		
	6			3				2
		2				9		5
		4	1		8	3		
7		5				6		
8				1			7	
		9		6		8		
			8		2	5		

PUZZLE 163

		4	7		6		1	
			4					7
	7	2			8			
		5					2	8
		7				1		
8	1					9		
			3			2	4	
3					1			
	9		6		7	3		

PUZZLE 164

			6	4	8		1	
6	3							
	1	8		5				
		2	4				8	5
3								7
9	8				5	2		
			9			7	5	
							6	2
	7		8	2	4			

PUZZLE 165

			1	7		2		6
6			8					4
	7				3			
8		4				3		
			9		2			
		2				9		7
			7				4	
2					8			1
9		5		4	1			

PUZZLE 166

4	8					1		
		6			8	9		
				1			2	8
					1			6
9			6		2			5
7			8					
8	7			9				
		4	3			5		
		2					9	3

PUZZLE 167

				7		2	6	
3		7		1				
2					4			
9		1			6			4
	5						3	
4			7			5		8
			4					5
				9		1		2
	8	4		2				

PUZZLE 168

4						3		
	6		1		2			
	2	7	9	3				
2						1		9
8								2
7		6						8
				8	9	5	1	
			3		5		4	
		5						7

PUZZLE 169

		5			1			7
				5				8
		9			8		6	
			7			3		
2	7	4	5			3	6	8	9
		6			2			
	2		3			8		
9				2				
5			4			1		

PUZZLE 170

3	7		1	8				
		5	9		3			
	1			5				
	6	9	2			4		8
2		3			7	5	1	
				4			2	
			3		9	6		
				2	6		7	3

PUZZLE 171

				7		3		
3				1				4
1	2		5			6		
9					7			
	5		9		6		2	
			1					9
		6			2		7	8
2				4				1
		8		6				

PUZZLE 172

			6		4			1
		2		9				4
	4							3
		7			6	4		
4			8		7			6
		8	1			9		
9							2	
8				7		5		
5			4		9			

PUZZLE 173

			1			3		
	9			5	3			
3	8					7		1
	1		3					7
9		2				4		8
5					2		1	
2		3					9	6
			7	9			3	
		9			6			

PUZZLE 174

4				3	2			8
						7	4	
		3		9		6		2
6	1							
3			2		4			5
							8	6
9		6		4		5		
	3	4						
8			9	5				4

PUZZLE 175

	3			7	6			2
		4		8				
1		7	2			5		
							2	
6		8	4		5	9		1
	5							
		9			1	2		8
				4		6		
3			8	5			1	

PUZZLE 176

5				8				2
	7	2					1	
		4				8		5
				3	2	6	5	
			7		8			
	8	1	6	4				
1		3				5		
	5					4	9	
9				1				7

PUZZLE 177

	8				3	1		
	6							7
4					5	2		
					4		2	
3	2		1		8		7	4
	9		5					
		9	4					3
7							1	
		2	7				4	

PUZZLE 178

						8		
3		6			2			
5	8	2	6					
	2			7			8	
4		1				3		7
	7			5			9	
					4	5	3	8
			1				2		4
		8						

PUZZLE 179

8							9	
			3		8	2		6
			1					4
2	1	9					6	7
				5				
5	3					4	2	8
4					3			
3		6	9		5			
	8							3

PUZZLE 180

			1			5		
	6	4			3			9
	8			4				7
3		8				7		
	2						5	
		9				4		3
8				9			1	
2			8			3	4	
		6			4			

PUZZLE 181

			3					7
						3	4	1
				5	1		9	
	8	5		4		9	3	
			2		9			
	4	9		3		1	8	
	5		7	2				
6	1	2						
9					3			

PUZZLE 182

		6					3	
					4		5	
5		7			6	4		
	6		9		8			1
9		1				3		8
8			1		3		9	
		4	5			7		3
	5		3					
	8					2		

PUZZLE 183

9					1			3
		1		5				
4			7		9		5	
							4	6
7	2						1	5
8	9							
	1		3		4			9
				8		2		
3			9					1

PUZZLE 184

								4
		1	4				2	9
5		2		6		1		8
		4			8			
8								5
			7			4		
6		9		4		3		1
3	8				1	9		
4								

PUZZLE 185

				8				6
6							2	
	9		6			7	5	
				2		5	9	3
		9		6		4		
4	8	3		9				
	7	5			3		4	
	4							2
2				7				

PUZZLE 186

2		4	8					
						1	3	
5			6		7			
4	3		2					1
		6				7		
7					9		5	3
			4		1			8
	5	1						
					5	2		7

PUZZLE 187

				8				
				1	2	3		5
6			5			9		
2		3			4			9
	8	9				4	3	
5			3			2		7
		2			3			6
1		5	6	4				
				2				

PUZZLE 188

	9				8	2		
				9		3		
3		8	5		2			1
8				5			4	
		3				7		
	4			1				2
9			6		5	8		3
		5		8				
		1	3				5	

PUZZLE 189

6			2	9			3	
	7			6	3			
							9	
	4					7		
2			5		8			4
		7					1	
	6							
			9	3			2	
	3			2	1			9

PUZZLE 190

5	8				2			
		7	4				8	5
								1
4	6			5				9
				3				
8				1			7	4
1								
2	4				8	3		
			1				9	2

PUZZLE 191

3	9	2	4					
		7						4
					3		2	1
		2	8	3				6
		6				1		
8				7	6	2		
3	9		5					
5						8		
				1	9	3	5	

PUZZLE 192

6								2
		2	8			7	1	
	3			5				
		6		9	5			8
			7		8			
7			4	1		5		
				3			2	
	6	1			4	8		
5								6

PUZZLE 193

8					1		4	
4				3		8		
	2	7		8		9		
2		3		5				
			7		3			
				1		5		8
		2		9		6	7	
		6		4				9
	9		3					2

PUZZLE 194

			2				5	1
	5			8				
	9		1			3		6
		8	7			5		
		5		6		2		
		6			3	8		
5		9			2		3	
				9			7	
6	2				7			

PUZZLE 195

8		4	1	2				3
		2		7	8			
9								
		8				3	2	
2			6		4			8
	4	1				9		
								1
			2	5		7		
3				4	1	8		2

PUZZLE 196

	8		1				5	6
5				9			2	
				6		9		1
6					9	5		
9								8
		7	5					4
4		6		3				
	3			2				9
8	9				4		6	

PUZZLE 197

		2	4				8	
	8		5			7		9
	7				1			6
					9	6	5	
			3		8			
	5	3	6					
6			9				2	
7		5			4		6	
	3				5	9		

PUZZLE 198

3	7			8				2
					4		7	
	2		3	1				
6						8		5
	5			6			3	
7		1						6
			9	5		6		
	1		4					
4				7			5	9

PUZZLE 199

3				6	2			
			4					3
8	5	4						
	1					3	9	
		6	5		8	1		
	8	3					2	
						6	3	2
6					1			
			6	9				7

PUZZLE 200

								2
7	4		3	2				
				7		4	3	1
					7		4	9
		8		5		7		
4	2		6					
5	6	9		4				
				9	3		8	5
3								

DIFFICULT
SU DOKU

PUZZLE 201

1						4		
				3		8		
	9		7		2	5		
4	2		8					
			6		5			
					9		5	7
		2	5		7		6	
		3		8				
		1						2

PUZZLE 202

	7							4
					4			
4			9			8	2	7
	9	6	2	1				
	1			3			7	
				4	6	1	9	
8	2	9			7			5
			4					
3							8	

PUZZLE 203

			8	2				4
		5			1	6		
	3			4		8		
	2						5	
	7	1				2	6	
	9						1	
		9		8			4	
		6	5			7		
4				9	6			

PUZZLE 204

9	5					3		
				5				8
	7				9			
					8	4	3	
4		9	3		5	1		6
	8	3	4					
			1				5	
7				3				
		4					7	2

PUZZLE 205

		3						
								7
		2		7		8	3	6
			5	8				1
1		8		9		7		2
9			1	3				
7	9	5		8		6		
4								
					5			

PUZZLE 206

						5		4
	2				7			
		5		6				1
		4	8			6		9
		1		3		4		
6		9			5	2		
7				2		3		
			1				8	
5		3						

PUZZLE 207

	7						2	
		4		9		5		6
		2						
		9	8					4
4			2		5			1
5					4	3		
						8		
6		5		1		7		
	9						3	

PUZZLE 208

						7		
		4		2	9		6	
	2				7		5	
5	9			8				6
		7		6		8		
6				5			1	7
	5		1				7	
	1		2	9		4		
		3						

PUZZLE 209

							6	
			9					5
	3	4	6	2	5			
	5	8	2				7	
		6		4		8		
	4				6	2	3	
			5	1	8	6	2	
4					9			
	1							

PUZZLE 210

		2			4		3	6
			3				4	
				8		5	1
		3	8		6			
6								8
			7		3	4		
3	1		5					
	5				2			
2	6		4			9		

PUZZLE 211

		2					8	
3				9				1
			6	2		5	3	9
			1				7	
		8				9		
	4				3			
7	2	4		3	9			
5				1				8
	8					4		

PUZZLE 212

	8				9			4
		7			4		2	
		2		3				7
				4		9		
	3		7		5		8	
		1		2				
1				5		3		
	2		6			5		
6			3				9	

PUZZLE 213

			7	2				
				4	6	9	2	
9							7	
1	4							
6	3		8		7		5	4
							8	3
	9							5
	8	7	4	6				
				5	1			

PUZZLE 214

2	4		9	6				
6	8				7			
				2			1	
						6		2
	6		5		1		3	
4		9						
	1			5				
			7				6	5
				3	8		7	9

PUZZLE 215

			2	8	7		5	
7			5					4
				3		7		
	8					3		
3		5				6		7
		9					4	
	3		7					
2					4			1
	6		8	3	2			

PUZZLE 216

		3						7
9			6	4				
6						9	3	
	5				1			
	7		3		8		2	
			4				5	
	1	9						3
				1	2			6
4						8		

PUZZLE 217

2		9						8
	6		3					
4						1	6	
	6	4			5			
	9					4		
		1				6	3	
	8	2						1
				8		9		
6					9		4	

PUZZLE 218

				6	3			5
		8	4				1	7
						2	3	
2		1						
		6	8	9	4	1		
						7		4
	1	4						
6	3				2	5		
8			1	3				

PUZZLE 219

4			6			8		
		6		3				
7				9				
	1					2	4	
3		4	2	6	7	9		1
	2	9					7	
				7				9
				5		3		
		8			3			5

PUZZLE 220

	5			6		2		
	7		4				5	
3						4		
8			7		4		2	
			1		6			
	4		9		3			8
		7						9
	2				7		3	
		8		9			6	

PUZZLE 221

				5		3		
			4		3	1		
							8	6
2	9			6		8	7	
5								3
	3	6		9			1	2
3	4							
		2	7		9			
		7		2				

PUZZLE 222

7							4	
1						6		
		8	2	6	9			
8			9	5				
9	5						7	1
				1	8			3
			6	9	5	1		
		9						6
	1							8

PUZZLE 223

	3		5		1			
		2			8			
	8	7	3	9				
	4				7			8
9								1
3			4				2	
				7	6	2	9	
			2			4		
			9		5		7	

PUZZLE 224

		1			2		9	6
5			1	8			2	
				7		4		
						2		4
		6				9		
1		7						
		5		9				
	4			2	6			8
7	1		4			6		

PUZZLE 225

				2		3		
5				6				8
	8	3						
		8	2				4	1
			6	3	9			
7	2				1	6		
						8	3	
6				1				5
		2		7				

PUZZLE 226

			2		6			
4			9	1				7
		6					4	8
6					5	8		
		2	1					6
5	9					4		
8				5	3			9
			6		4			

PUZZLE 227

7			1		6		5	
							3	
3		6	9					
2				5	4			1
5			3	6				2
					3	8		7
	1							
	8		2		9			6

PUZZLE 228

5				8				
	1				2	9		3
			3				7	
			2				9	
	9	6				4	2	
	7				1			
	5				8			
1		8	4				3	
				3				2

PUZZLE 229

9		8		7		5		1
			5	8		6	3	
8	7		4				6	
	9				1		7	8
	1	7		9	6			
3		6		4		7		5

PUZZLE 230

	4				7			
	8	6		4	5			
								9
	7	5	4			3	9	
2								6
	9	8			1	7	5	
7								
			7	2		9	6	
			9				8	

PUZZLE 231

5							6	
			8	4	6	3	5	
			3					
9	4	1					2	
			6		2			
	6					9	7	5
					1			
	1	7	9	3	8			
	3							7

PUZZLE 232

		6			3	4		
		7	6	2		3		
				4				7
3			2				4	
	5						1	
	1				4			9
4				7				
		1		6	8	9		
		9	4			8		

PUZZLE 233

9			1			6		
1		6				5		
	4		7					1
				4	1	2		
3								4
	5	4	9					
7				6			3	
		1				9		6
		3		5				7

PUZZLE 234

	7			4	6			8
5		1	3	7			4	
		4			8			
3	1						9	4
			4			5		
	4			1	5	7		3
1			6	9			5	

PUZZLE 235

3		4						
6	1	8						2
2			1	4				
4			5	1		6		
		2		8	9			5
				3	8			6
1						2	8	3
						5		7

PUZZLE 236

7	5	4						
						3		5
			5			2	4	
		6		9	5			1
			1		7			
2			8	3		9		
	2	3			9			
8		1						
						7	8	3

PUZZLE 237

	9		7					6
					1	3		
5		4	8			2		
		9	3		6			4
6			4		7	8		
		2			8	9		7
		8	5					
4					2		8	

PUZZLE 238

8				3		1		6
	4			2	8			
								7
				4	2		9	1
4								3
2	5		1	7				
5								
			2	5			1	
3		6		8				5

PUZZLE 239

4								1
	5			8	7			
		3			6			2
5				6			7	
	4		8		3		6	
	9			5				8
1			9			2		
			6	1			8	
8								7

PUZZLE 240

				1	9			
8		3					9	6
	2					5		
2			7					
	7		4		2		3	
					5			4
		9					4	
4	3					1		8
			1	7				

PUZZLE 241

				8			9	
5			3					8
		4					2	7
9			7					
	3		5		1		8	
					6			1
3	4					6		
8					9			4
	5			4				

PUZZLE 242

	8		1				6	
2				7	4			
7	6	4						
4	1				9			
		9		4		7		
			8				4	6
						1	7	2
			5	9				4
	4				8		3	

PUZZLE 243

	5		1	3		9		
	7							2
		1	8	6				
		8	7				2	
4				9				8
	1				8	5		
				1	3	2		
6							3	
		3		8	6		4	

PUZZLE 244

			2		9			
	7				8	9		
		4	5			8		2
	8							7
9		7		1		2		8
2							1	
7		9			5	1		
		6	1				5	
			7		4			

PUZZLE 245

5					2	4		
				1			8	6
4	1				5		3	
	7		2					
	9					6		
					9		7	
	4		5				2	7
2	5			3				
		6	8					4

PUZZLE 246

			2	6		3		
							6	
7	5						1	
	4	5	7					9
		3				4		
1					6	2	3	
	8						9	1
	3							
		7		5	4			

PUZZLE 247

						3		9
	4	3	1					
	9			2	5			
7				4			1	
			2		3			
	2			7				4
			4	3			5	
					2	7	6	
8		9						

PUZZLE 248

							4	2
		2			5		1	9
		3		9				
		5	2	8				
4								3
				6	1	7		
				2		6		
8	7		5			2		
5	2							

PUZZLE 249

	1		9			7		
			8	2			6	
					5			8
9	6		7			5		
5				9				6
		1			6		4	3
2			1					
	3			8	2			
		5			9		2	

PUZZLE 250

1		6			5		2	
2				7		8		
	8							
	2				8	3		
5			3	1	4			2
		4	9				8	
							6	
		3		9				7
	4		7			1		8

PUZZLE 251

5			3		4			
	3	7		5				
9	4				8			
	6	3				9		
7				1				3
		5				2	6	
			4				1	6
				6		4	8	
			5		2			9

PUZZLE 252

	8	6						
2		5	7				8	
9				6				
8			3	7		2		
		3		2		8		
		9		5	4			7
				3				5
	7				6	3		1
						4	7	

PUZZLE 253

		6		8	7			
5				9				
	3	9	4					
6					8		7	
8	9						4	2
	7		1					3
					9	4	2	
				1				9
			5	3		7		

PUZZLE 254

1								6
7		5			9			
			3		6	5	9	
						8		9
	1		9		2		5	
6		2						
	2	8	5		1			
			4			3		2
4								5

PUZZLE 255

	9	4			1			8
	5		2		8			
				5				
	7	2	8				6	4
1	6				4	7	3	
				8				
			6		9		5	
9			3			4	7	

PUZZLE 256

					2			
	8		3					7
				8		9		4
4		6				8		
	5	2	9		6	7	4	
		7				6		3
7		9		1				
6					5		2	
			4					

PUZZLE 257

			1	6			5	9
			9			1		2
						6		
	3				6	8		
	7			2			9	
		1	7				4	
		4						
3		7			8			
9	8			3	1			

PUZZLE 258

	4		5	1	7			
	6							
8				4			1	
2	9		3					
7								2
					1		4	5
	1			3				4
							7	
			8	2	5		3	

PUZZLE 259

	8	6					5	
		5	7					1
4			3		6			
		4						6
			4		8			
5						7		
			8		3			7
8					1	9		
	9					3	1	

PUZZLE 260

2			8	3			9	
		7	1	6				
5								
		5	9				8	
6		4				1		5
	3				1	4		
								8
				1	3	7		
	1			5	8			4

PUZZLE 261

7	5						9	8
	4	3	6					
6					5			
	7				9			
9		1				4		6
			3				8	
			4					7
					1	8	5	
4	9						2	3

PUZZLE 262

	4							
	7			1	2		9	
			9				2	8
7				2	5			4
		6				5		
3			6	4				1
2	6				8			
	9		3	7			4	
							1	

PUZZLE 263

	8	3						7
					3	5		
				1			8	3
2				8	9			
5			3		6			9
			2	7				6
7	3			6				
		6	5					
1						6	5	

PUZZLE 264

			6			2		
9	4		2					7
2		5					6	4
5					6			
1								9
			7					8
8	2					3		5
3					7		4	6
		9			8			

PUZZLE 265

1			2	4			
8			5				4
	2		9				
		1			9		6
		5			4		
3		7			1		
				8		5	
9				1			3
			7	3			2

PUZZLE 266

	5			2		1		8
								3
		9	3		8			
	9			5	2			6
8			7	6			2	
			1		3	5		
9								
7		2		8			6	

PUZZLE 267

					1	7		9
4			7				8	
			5			3		
			8	9	6			
		2			5			
		6	4	7				
	6			9				
	5			3			2	
3		8	1					

PUZZLE 268

	7				3	1		
				7	1	4	3	
	4		8					
					5	6		
	8	2				3	9	
		7	9					
					6		5	
	5	4	3	2				
		9	5				7	

PUZZLE 269

		9			3			
				5		6		
1	3		9				2	
	4		3	6				8
	6						4	
7				8	5		6	
	5				6		7	1
		7		9				
			8			5		

PUZZLE 270

			1	7				3
			6				4	
1	5	2	8			9		
								8
5	9						3	1
6								
		1			8	3	5	4
	8				4			
2				1	5			

PUZZLE 271

		9			8			3
	5	2			9	6		
				6	2	8		
			9			1		
7								9
		8			5			
		5	1	9				
		1	2			3	7	
6			8			9		

PUZZLE 272

			2				5	7
					3	6	1	
		6	7			9		
4	9							
	3			4			9	
							6	5
		9			7	2		
	1	2	6					
7	6				9			

PUZZLE 273

9					7	3		
4		5		3		1		
			6	4				7
	6		2			9		
		8			6		2	
8				5	3			
		7		6		5		1
		4	1					9

PUZZLE 274

		1		4		3		7
2			6		7			
			1	9		6		
							7	
1		6				9		4
	9							
		9		5	8			
			7		9			3
8		5		6		1		

PUZZLE 275

	9	7		5			8	
8	6		4	1				
								1
			9					2
	4		3		5		7	
2				6				
7								
				6	4		2	3
	3			7		8	6	

PUZZLE 276

		1						
	4	8	5	7				1
	3		1				7	
3					6			
	5	4				6	2	
		2						5
	1				2		6	
4				3	8	1	5	
					8			

PUZZLE 277

5			7				8	
3	6	8			5			
	4		3	6				
	5				2	7		
				8				
		3	1				9	
				5	3		4	
			6			1	3	8
	3				1			7

PUZZLE 278

	3				7			4
			3				2	
1	4	6			8			
3			4			6		
		5		7		2		
		8			6			3
			8			4	3	1
	8				5			
6			7				5	

PUZZLE 279

4				8	3		1	
	1							6
		9					4	
			5	6		8		
		1	8		4	5		
		2		9	1			
	9					2		
3							7	
	7		2	1				9

PUZZLE 280

			4			6		
2			1			5	7	
		9		3				
	1		5	6				
		3				9		
				8	2		1	
				5		8		
	9	4			1			5
		6			9			

PUZZLE 281

9	5				2			
				5		3		
			8		4		5	
3			2				9	5
			3		7			
8	2				9			6
	6		7		8			
		8		9				
			4				1	9

PUZZLE 282

8		5					3	
				2	6			7
4						9	1	
		9			4			
	3			9			5	
			5			2		
	2	3						4
9			1	8				
	8					7		5

PUZZLE 283

		1		8		7		
	7		3					
9		4			5	8		
7					2			
	1	9				4	2	
			4					7
		6	2			1		3
					6		4	
		8		5		2		

PUZZLE 284

5		4			8		2	
		3				6		8
								7
1				7				2
	5		4	8	6		9	
3			9					5
8								
2		5				3		
	1		5			2		6

PUZZLE 285

	3			7				2
				8			6	
		8			4		9	7
	8				3		4	
			8		2			
	4		9				3	
6	1		4			5		
	9			6				
3				9			7	

PUZZLE 286

					9	1	3	8
			2				9	
				8		7		
2	1			7			4	
		6				3		
	9			5			1	2
		3		1				
	7				2			
9	6	8	4					

PUZZLE 287

			7	3		1		
				4		2		8
						3	9	
		1					3	
5		3	4		6	8		2
	8					9		
	1	5						
2		6		9				
		4		6	2			

PUZZLE 288

	8			6		7	5	4
		9			3		1	
				8				3
					1	4		
9								5
		2	7					
6				2				
	7		3			1		
2	9	5		1			6	

PUZZLE 289

5							3	
		3	9			4		
	4			2				6
4				6	5			8
	6						1	
1			8	7				2
9				1			2	
		8			9	5		
	7							9

PUZZLE 290

					7			
5			4	1			7	
		1	5			9	2	
2			6			7	3	
				3				
	1	3			9			6
	5	6			3	1		
	2			5	6			3
			8					

PUZZLE 291

	5	7	2					
6			3				5	2
8					1			
			9				3	6
		2				1		
4	9				6			
			8					4
2	4				9			3
					5	9	6	

PUZZLE 292

9	5			6			1	
3					5			
		8	4					7
1			5	3			7	
				9				
	2			4	1			6
4					6	2		
			2					5
	7			5			3	1

PUZZLE 293

3	6		1		7			
	1	5		9				
4					5			
		8	3	6				
9								3
				2	1	8		
			7					4
				1		2	7	
			6		8		3	9

PUZZLE 294

3			1	8				5
		4				8		
	7				3			
		5			2		9	
6			4	9	1			8
	4		8			6		
			7				8	
		6				2		
8				3	5			1

PUZZLE 295

6								7
		5		8				
2				1	6	9		
1			6				3	
	4		9	2	7		1	
	6				8			2
		6	2	4				1
				7		2		
8								9

PUZZLE 296

4					5		8	
3					2		6	
			1	4			5	3
				4				7
		9		8		6		
1			2					
2	8			9	1			
	1		7					6
	7		4					2

PUZZLE 297

			6			4		
8	7							
	5	6	8		3			
	3		5		6			2
		9		2		7		
2			7		9		6	
			1		8	6	3	
							4	7
		8			4			

PUZZLE 298

1		7			2	8	9	
		2	9	8	6			
6			7					
3		5		4		9		1
				3				4
			8	1	7	5		
	1	8	2			4		3

PUZZLE 299

			6				5	4
4								8
	3	5		8		1		
1		4			7			
			3		2			
			4			9		2
		7		3		5	8	
5								7
6	8				1			

PUZZLE 300

								5
			2		3	9		4
1			4				7	
7	2							9
		5		3		8		
8							5	6
	3				7			8
6		8	9		2			
2								

SOLUTIONS

1

4	1	3	9	2	7	8	6	5
9	5	2	3	6	8	4	7	1
8	7	6	4	5	1	2	9	3
6	8	7	2	3	9	1	5	4
3	2	1	5	7	4	9	8	6
5	9	4	1	8	6	7	3	2
2	3	8	7	1	5	6	4	9
1	6	9	8	4	3	5	2	7
7	4	5	6	9	2	3	1	8

2

9	5	4	2	7	8	1	3	6
6	8	3	1	9	5	4	7	2
7	1	2	3	4	6	5	8	9
4	7	6	8	5	1	2	9	3
8	3	1	9	2	7	6	5	4
2	9	5	4	6	3	8	1	7
5	2	7	6	8	9	3	4	1
1	6	9	5	3	4	7	2	8
3	4	8	7	1	2	9	6	5

3

9	6	2	1	5	8	3	4	7
3	7	8	9	2	4	1	6	5
1	4	5	7	3	6	8	9	2
6	2	7	8	1	3	9	5	4
8	5	1	4	9	7	2	3	6
4	3	9	2	6	5	7	8	1
5	8	6	3	7	2	4	1	9
2	9	3	5	4	1	6	7	8
7	1	4	6	8	9	5	2	3

4

6	9	1	5	2	8	3	7	4
8	3	5	7	4	9	2	1	6
2	4	7	6	1	3	9	5	8
1	8	6	2	9	5	4	3	7
3	5	9	8	7	4	6	2	1
4	7	2	1	3	6	8	9	5
9	6	3	4	5	1	7	8	2
7	1	8	3	6	2	5	4	9
5	2	4	9	8	7	1	6	3

5

2	3	6	5	4	7	9	1	8
5	1	8	3	2	9	7	4	6
9	7	4	6	8	1	5	3	2
1	9	2	8	3	6	4	7	5
3	4	7	1	5	2	8	6	9
6	8	5	7	9	4	1	2	3
7	2	9	4	6	5	3	8	1
8	5	1	2	7	3	6	9	4
4	6	3	9	1	8	2	5	7

6

6	4	1	7	9	3	5	2	8
5	3	8	6	4	2	1	9	7
2	9	7	1	8	5	4	3	6
7	8	6	9	3	1	2	5	4
3	5	2	4	7	6	8	1	9
9	1	4	2	5	8	6	7	3
8	6	5	3	2	7	9	4	1
1	7	9	5	6	4	3	8	2
4	2	3	8	1	9	7	6	5

7

8	6	1	3	4	2	5	9	7
9	4	2	7	5	8	6	3	1
5	3	7	6	9	1	4	8	2
1	2	8	5	7	3	9	4	6
3	7	6	9	1	4	8	2	5
4	5	9	2	8	6	1	7	3
7	1	5	8	2	9	3	6	4
2	8	3	4	6	5	7	1	9
6	9	4	1	3	7	2	5	8

8

3	5	9	7	1	4	8	2	6
1	2	7	5	6	8	9	3	4
6	8	4	2	3	9	1	7	5
8	6	1	9	2	3	4	5	7
2	7	3	4	8	5	6	9	1
4	9	5	6	7	1	3	8	2
7	1	8	3	4	2	5	6	9
5	4	6	8	9	7	2	1	3
9	3	2	1	5	6	7	4	8

9

8	5	4	9	2	7	1	3	6
6	1	2	5	3	4	9	8	7
3	9	7	8	6	1	5	2	4
2	8	5	4	7	9	6	1	3
1	7	3	2	8	6	4	5	9
9	4	6	3	1	5	8	7	2
4	2	8	1	9	3	7	6	5
5	6	1	7	4	2	3	9	8
7	3	9	6	5	8	2	4	1

10

4	6	7	1	9	3	2	8	5
2	5	1	8	4	6	7	9	3
9	3	8	2	7	5	6	4	1
1	8	6	4	3	9	5	2	7
7	4	2	5	6	8	3	1	9
3	9	5	7	1	2	4	6	8
6	2	3	9	5	1	8	7	4
8	7	9	3	2	4	1	5	6
5	1	4	6	8	7	9	3	2

11

9	4	8	7	1	6	3	5	2
7	5	2	4	3	9	1	6	8
1	6	3	5	8	2	9	7	4
8	9	5	6	2	3	4	1	7
6	3	4	8	7	1	2	9	5
2	1	7	9	4	5	8	3	6
4	8	9	3	6	7	5	2	1
5	2	6	1	9	8	7	4	3
3	7	1	2	5	4	6	8	9

12

8	6	2	1	3	7	9	5	4
4	7	1	9	6	5	3	2	8
3	5	9	2	4	8	1	6	7
2	9	6	4	1	3	7	8	5
1	8	7	5	9	2	6	4	3
5	3	4	7	8	6	2	9	1
6	2	8	3	7	4	5	1	9
9	4	3	6	5	1	8	7	2
7	1	5	8	2	9	4	3	6

13

6	3	2	5	1	4	9	7	8
1	9	7	3	2	8	6	5	4
5	4	8	9	7	6	3	2	1
2	5	3	8	4	9	1	6	7
9	7	1	6	3	2	4	8	5
4	8	6	7	5	1	2	9	3
3	6	4	2	8	7	5	1	9
8	2	5	1	9	3	7	4	6
7	1	9	4	6	5	8	3	2

14

9	1	2	3	6	5	8	4	7
6	7	3	8	4	9	5	2	1
8	5	4	7	2	1	3	9	6
2	9	5	4	1	7	6	3	8
3	6	1	2	9	8	7	5	4
4	8	7	5	3	6	2	1	9
7	3	6	1	5	4	9	8	2
1	2	8	9	7	3	4	6	5
5	4	9	6	8	2	1	7	3

15

9	7	2	8	1	6	5	4	3
6	4	3	7	5	2	9	1	8
1	5	8	4	3	9	2	6	7
5	8	7	2	4	1	6	3	9
4	9	1	3	6	8	7	5	2
2	3	6	9	7	5	1	8	4
7	6	9	5	8	3	4	2	1
3	1	4	6	2	7	8	9	5
8	2	5	1	9	4	3	7	6

16

7	8	5	9	1	6	4	2	3
6	9	1	2	3	4	7	8	5
4	3	2	7	5	8	6	9	1
5	2	7	6	4	1	8	3	9
1	4	8	3	7	9	2	5	6
3	6	9	5	8	2	1	7	4
8	5	6	4	9	7	3	1	2
9	1	4	8	2	3	5	6	7
2	7	3	1	6	5	9	4	8

17

1	3	5	4	7	9	6	8	2
8	6	7	5	2	3	4	1	9
2	4	9	8	1	6	7	5	3
3	1	8	2	5	4	9	6	7
9	5	4	1	6	7	2	3	8
7	2	6	9	3	8	1	4	5
6	8	1	7	9	5	3	2	4
4	7	3	6	8	2	5	9	1
5	9	2	3	4	1	8	7	6

18

9	2	4	3	8	6	5	1	7
7	6	5	1	4	2	3	9	8
8	1	3	7	9	5	4	6	2
4	9	1	6	2	7	8	3	5
5	8	7	4	3	9	6	2	1
2	3	6	8	5	1	7	4	9
3	4	2	9	7	8	1	5	6
1	5	8	2	6	4	9	7	3
6	7	9	5	1	3	2	8	4

19

3	6	7	8	1	5	9	2	4
8	4	1	6	2	9	3	5	7
9	2	5	3	7	4	6	1	8
5	7	9	1	8	3	2	4	6
6	3	4	2	9	7	5	8	1
2	1	8	5	4	6	7	3	9
4	5	3	9	6	1	8	7	2
1	8	6	7	5	2	4	9	3
7	9	2	4	3	8	1	6	5

20

1	4	7	2	8	3	9	5	6
5	2	3	6	4	9	1	7	8
8	9	6	5	1	7	4	2	3
2	7	8	1	6	4	5	3	9
9	6	1	7	3	5	2	8	4
4	3	5	8	9	2	7	6	1
7	8	9	3	2	1	6	4	5
3	1	2	4	5	6	8	9	7
6	5	4	9	7	8	3	1	2

21

8	6	3	7	1	9	5	2	4
4	5	1	6	2	3	9	8	7
7	9	2	4	5	8	6	1	3
9	1	7	3	8	6	4	5	2
6	8	4	2	7	5	3	9	1
2	3	5	1	9	4	7	6	8
5	2	9	8	4	7	1	3	6
1	7	6	9	3	2	8	4	5
3	4	8	5	6	1	2	7	9

22

1	8	4	5	6	7	9	2	3
6	5	9	2	1	3	7	4	8
2	3	7	4	8	9	6	5	1
9	2	1	6	4	5	3	8	7
5	4	3	9	7	8	1	6	2
8	7	6	3	2	1	5	9	4
7	1	2	8	5	6	4	3	9
3	6	8	1	9	4	2	7	5
4	9	5	7	3	2	8	1	6

23

3	6	5	1	7	2	4	9	8
7	4	8	3	5	9	2	6	1
2	9	1	4	8	6	5	3	7
1	8	7	9	2	5	6	4	3
5	3	6	8	4	1	7	2	9
4	2	9	7	6	3	8	1	5
9	5	4	2	3	7	1	8	6
8	7	3	6	1	4	9	5	2
6	1	2	5	9	8	3	7	4

24

9	3	1	4	2	5	8	7	6
2	5	4	7	6	8	3	1	9
6	7	8	3	1	9	2	4	5
1	2	6	8	3	4	5	9	7
4	9	7	2	5	1	6	8	3
5	8	3	9	7	6	4	2	1
7	4	5	1	8	3	9	6	2
3	1	9	6	4	2	7	5	8
8	6	2	5	9	7	1	3	4

25

1	2	8	6	7	3	5	9	4
5	4	3	2	1	9	7	8	6
6	7	9	5	4	8	3	2	1
8	1	7	3	5	6	9	4	2
2	5	6	9	8	4	1	3	7
3	9	4	1	2	7	6	5	8
9	3	2	8	6	1	4	7	5
7	6	5	4	3	2	8	1	9
4	8	1	7	9	5	2	6	3

26

9	7	1	5	4	2	8	6	3
5	4	2	8	3	6	7	9	1
6	3	8	1	7	9	4	2	5
7	9	6	2	1	4	5	3	8
3	2	4	6	5	8	9	1	7
8	1	5	7	9	3	2	4	6
1	5	3	9	2	7	6	8	4
2	8	7	4	6	1	3	5	9
4	6	9	3	8	5	1	7	2

27

6	9	8	2	5	4	3	7	1
2	1	3	8	6	7	5	4	9
5	4	7	1	9	3	6	2	8
3	2	6	7	1	9	8	5	4
7	5	1	6	4	8	9	3	2
9	8	4	3	2	5	1	6	7
8	7	9	4	3	6	2	1	5
4	6	2	5	8	1	7	9	3
1	3	5	9	7	2	4	8	6

28

6	3	4	2	5	1	8	7	9
5	8	7	9	6	3	1	4	2
2	1	9	7	4	8	5	6	3
1	6	3	5	7	9	2	8	4
7	5	8	3	2	4	9	1	6
4	9	2	8	1	6	3	5	7
9	7	1	4	3	5	6	2	8
8	2	6	1	9	7	4	3	5
3	4	5	6	8	2	7	9	1

29

3	1	4	2	9	5	7	6	8
8	9	2	7	6	3	5	1	4
6	7	5	8	4	1	2	9	3
5	2	8	9	1	6	3	4	7
7	6	1	3	8	4	9	2	5
4	3	9	5	2	7	1	8	6
9	4	7	1	3	8	6	5	2
2	5	6	4	7	9	8	3	1
1	8	3	6	5	2	4	7	9

30

9	5	6	2	7	4	3	8	1
7	1	4	8	5	3	9	6	2
2	3	8	9	6	1	5	7	4
5	4	2	6	3	8	1	9	7
8	7	1	4	2	9	6	5	3
6	9	3	7	1	5	2	4	8
3	2	7	5	8	6	4	1	9
1	6	9	3	4	7	8	2	5
4	8	5	1	9	2	7	3	6

31

6	5	9	4	2	8	3	7	1
2	1	7	3	6	9	4	8	5
4	3	8	5	7	1	9	2	6
5	2	3	8	9	6	1	4	7
1	9	4	7	5	3	8	6	2
8	7	6	2	1	4	5	9	3
7	8	2	1	4	5	6	3	9
3	6	1	9	8	2	7	5	4
9	4	5	6	3	7	2	1	8

32

6	7	3	1	9	8	2	4	5
8	1	9	4	2	5	6	7	3
4	5	2	6	3	7	8	1	9
2	4	5	3	7	9	1	6	8
3	6	7	8	1	4	9	5	2
9	8	1	5	6	2	7	3	4
1	3	8	2	4	6	5	9	7
7	2	4	9	5	1	3	8	6
5	9	6	7	8	3	4	2	1

33

2	9	6	8	5	1	4	7	3
7	8	4	3	6	9	1	2	5
3	5	1	7	4	2	8	6	9
8	6	9	2	3	4	7	5	1
1	3	5	6	9	7	2	8	4
4	2	7	1	8	5	3	9	6
9	7	3	5	1	8	6	4	2
6	4	2	9	7	3	5	1	8
5	1	8	4	2	6	9	3	7

34

6	7	9	5	1	4	2	8	3
8	3	4	6	2	7	1	5	9
1	5	2	3	9	8	6	4	7
4	1	3	8	7	2	9	6	5
9	8	7	1	6	5	3	2	4
2	6	5	9	4	3	7	1	8
3	4	6	7	5	1	8	9	2
7	2	1	4	8	9	5	3	6
5	9	8	2	3	6	4	7	1

35

8	7	6	3	1	5	2	9	4
3	9	5	4	6	2	7	8	1
4	2	1	8	7	9	3	6	5
6	8	3	9	2	4	5	1	7
2	1	9	7	5	8	6	4	3
5	4	7	1	3	6	8	2	9
1	6	2	5	4	7	9	3	8
7	3	8	2	9	1	4	5	6
9	5	4	6	8	3	1	7	2

36

7	4	6	2	5	3	1	9	8
5	8	2	4	1	9	6	7	3
1	3	9	6	7	8	5	4	2
2	5	8	7	4	1	3	6	9
6	9	4	3	2	5	8	1	7
3	7	1	8	9	6	2	5	4
9	1	3	5	8	7	4	2	6
8	2	7	1	6	4	9	3	5
4	6	5	9	3	2	7	8	1

37

2	1	5	7	4	3	8	6	9
9	6	3	8	5	2	4	7	1
4	8	7	6	1	9	5	2	3
5	3	1	9	2	8	7	4	6
7	4	6	5	3	1	9	8	2
8	9	2	4	6	7	1	3	5
3	7	8	2	9	5	6	1	4
1	5	4	3	7	6	2	9	8
6	2	9	1	8	4	3	5	7

38

6	9	7	3	8	2	1	4	5
1	8	5	9	7	4	2	3	6
4	3	2	5	6	1	8	7	9
2	6	4	7	5	3	9	8	1
3	1	8	4	9	6	5	2	7
5	7	9	2	1	8	4	6	3
7	4	6	1	2	5	3	9	8
8	2	1	6	3	9	7	5	4
9	5	3	8	4	7	6	1	2

39

7	3	8	4	6	9	2	1	5
9	4	1	5	7	2	8	3	6
2	5	6	8	1	3	4	7	9
5	2	4	1	3	6	9	8	7
1	8	9	7	5	4	6	2	3
6	7	3	2	9	8	1	5	4
8	6	2	3	4	7	5	9	1
3	9	5	6	8	1	7	4	2
4	1	7	9	2	5	3	6	8

40

7	4	2	3	9	8	6	5	1
8	5	6	2	1	7	4	9	3
9	1	3	5	6	4	7	8	2
5	6	4	8	2	1	3	7	9
3	2	9	7	4	5	1	6	8
1	7	8	6	3	9	5	2	4
2	3	1	9	7	6	8	4	5
4	8	7	1	5	2	9	3	6
6	9	5	4	8	3	2	1	7

41

7	1	8	4	6	3	5	9	2
4	9	6	2	7	5	1	3	8
3	5	2	1	9	8	6	4	7
5	2	7	6	4	9	8	1	3
6	4	9	3	8	1	2	7	5
8	3	1	7	5	2	4	6	9
2	6	4	5	3	7	9	8	1
9	7	5	8	1	6	3	2	4
1	8	3	9	2	4	7	5	6

42

8	5	2	3	7	4	6	1	9
3	6	9	5	1	2	7	8	4
1	7	4	8	9	6	5	3	2
5	4	7	1	8	3	2	9	6
2	9	3	4	6	7	1	5	8
6	8	1	9	2	5	4	7	3
9	2	8	7	4	1	3	6	5
7	3	6	2	5	8	9	4	1
4	1	5	6	3	9	8	2	7

43

6	7	5	9	3	4	2	1	8
2	1	4	7	8	6	3	5	9
8	9	3	5	1	2	4	7	6
1	4	2	8	5	9	7	6	3
9	5	7	4	6	3	8	2	1
3	8	6	2	7	1	9	4	5
7	3	9	6	4	5	1	8	2
5	2	8	1	9	7	6	3	4
4	6	1	3	2	8	5	9	7

44

9	2	5	4	8	6	3	1	7
6	7	1	3	2	5	8	4	9
8	3	4	7	1	9	2	5	6
5	8	3	9	4	2	6	7	1
7	4	9	1	6	8	5	3	2
1	6	2	5	3	7	9	8	4
2	1	6	8	7	3	4	9	5
3	9	7	2	5	4	1	6	8
4	5	8	6	9	1	7	2	3

45

7	6	3	1	9	8	4	5	2
5	9	1	6	2	4	3	7	8
8	4	2	5	3	7	1	6	9
2	5	7	9	4	3	8	1	6
6	3	9	8	5	1	7	2	4
4	1	8	7	6	2	9	3	5
1	8	4	2	7	6	5	9	3
3	2	5	4	1	9	6	8	7
9	7	6	3	8	5	2	4	1

46

8	7	3	6	9	5	2	1	4
1	5	9	4	2	7	3	6	8
4	6	2	1	8	3	7	9	5
5	2	4	3	6	9	8	7	1
6	1	8	7	4	2	5	3	9
9	3	7	5	1	8	4	2	6
2	9	6	8	7	4	1	5	3
3	8	1	2	5	6	9	4	7
7	4	5	9	3	1	6	8	2

47

1	6	5	9	8	4	3	2	7
7	3	8	5	2	1	4	6	9
4	9	2	3	6	7	1	5	8
8	5	9	7	3	2	6	1	4
3	7	6	4	1	8	5	9	2
2	4	1	6	5	9	8	7	3
6	2	4	1	7	3	9	8	5
5	8	3	2	9	6	7	4	1
9	1	7	8	4	5	2	3	6

48

1	6	5	7	8	2	9	3	4
4	3	2	6	1	9	5	8	7
9	7	8	5	4	3	6	1	2
2	4	1	3	5	6	7	9	8
7	8	6	1	9	4	2	5	3
5	9	3	2	7	8	1	4	6
3	2	4	9	6	1	8	7	5
6	1	7	8	3	5	4	2	9
8	5	9	4	2	7	3	6	1

49

3	5	4	8	1	9	2	7	6
9	8	6	7	4	2	5	3	1
7	2	1	6	3	5	8	9	4
8	7	9	2	6	4	1	5	3
2	4	3	5	9	1	7	6	8
1	6	5	3	8	7	9	4	2
6	1	8	9	5	3	4	2	7
4	9	7	1	2	6	3	8	5
5	3	2	4	7	8	6	1	9

50

9	7	5	3	2	8	6	4	1
8	2	3	1	4	6	9	5	7
4	6	1	7	9	5	2	8	3
6	5	8	9	7	3	4	1	2
7	1	4	6	8	2	3	9	5
2	3	9	5	1	4	8	7	6
3	9	6	4	5	7	1	2	8
1	8	7	2	6	9	5	3	4
5	4	2	8	3	1	7	6	9

51

1	7	9	3	4	5	6	8	2
2	8	5	6	9	7	4	1	3
4	6	3	1	2	8	9	5	7
5	4	6	9	3	2	8	7	1
3	2	8	7	1	4	5	6	9
9	1	7	5	8	6	3	2	4
7	9	1	8	6	3	2	4	5
8	5	2	4	7	9	1	3	6
6	3	4	2	5	1	7	9	8

52

5	7	2	4	3	9	6	8	1
6	1	3	8	5	2	4	7	9
9	4	8	6	1	7	5	2	3
7	8	1	9	6	5	3	4	2
2	6	5	1	4	3	8	9	7
3	9	4	2	7	8	1	6	5
8	2	6	3	9	1	7	5	4
1	5	9	7	8	4	2	3	6
4	3	7	5	2	6	9	1	8

53

9	8	2	4	1	6	7	3	5
3	4	6	5	8	7	9	2	1
7	1	5	9	3	2	8	4	6
4	2	8	1	9	5	3	6	7
6	5	7	3	2	4	1	8	9
1	3	9	6	7	8	2	5	4
2	7	4	8	5	9	6	1	3
8	6	1	7	4	3	5	9	2
5	9	3	2	6	1	4	7	8

54

5	8	6	2	7	4	3	1	9
2	4	3	5	9	1	7	8	6
7	1	9	3	8	6	4	5	2
4	2	7	6	5	3	1	9	8
9	6	1	8	4	2	5	7	3
8	3	5	7	1	9	6	2	4
1	9	8	4	3	7	2	6	5
6	7	4	9	2	5	8	3	1
3	5	2	1	6	8	9	4	7

55

1	3	9	5	7	6	8	2	4
8	6	4	9	2	1	7	3	5
5	2	7	8	4	3	9	6	1
6	9	5	2	3	8	4	1	7
4	7	2	6	1	5	3	9	8
3	8	1	7	9	4	6	5	2
9	1	8	3	5	7	2	4	6
7	4	3	1	6	2	5	8	9
2	5	6	4	8	9	1	7	3

56

7	8	4	9	6	1	3	5	2
9	1	2	5	4	3	7	6	8
5	6	3	7	8	2	4	9	1
2	7	5	3	9	8	6	1	4
6	3	8	1	2	4	5	7	9
1	4	9	6	5	7	8	2	3
3	2	1	4	7	6	9	8	5
8	9	6	2	3	5	1	4	7
4	5	7	8	1	9	2	3	6

57

4	8	9	6	7	3	5	2	1
7	6	2	5	1	8	9	4	3
5	3	1	4	9	2	8	7	6
1	9	7	8	2	6	4	3	5
3	2	6	9	4	5	7	1	8
8	4	5	1	3	7	2	6	9
2	1	3	7	8	9	6	5	4
9	5	4	2	6	1	3	8	7
6	7	8	3	5	4	1	9	2

58

8	5	3	6	7	2	9	4	1
7	4	9	8	3	1	2	5	6
6	2	1	5	9	4	7	3	8
1	9	5	4	6	7	3	8	2
2	8	7	9	5	3	6	1	4
4	3	6	1	2	8	5	9	7
9	1	2	3	8	6	4	7	5
3	6	8	7	4	5	1	2	9
5	7	4	2	1	9	8	6	3

59

3	8	4	2	9	6	7	5	1
5	9	6	8	7	1	2	4	3
2	1	7	3	5	4	6	8	9
8	6	2	9	4	5	1	3	7
1	4	3	7	6	8	5	9	2
9	7	5	1	2	3	8	6	4
7	5	8	4	1	9	3	2	6
6	2	9	5	3	7	4	1	8
4	3	1	6	8	2	9	7	5

60

5	8	7	3	9	1	2	6	4
1	4	6	8	5	2	9	7	3
9	3	2	4	6	7	8	5	1
2	1	4	9	3	6	7	8	5
8	5	9	2	7	4	1	3	6
6	7	3	1	8	5	4	2	9
3	2	5	7	1	9	6	4	8
4	6	1	5	2	8	3	9	7
7	9	8	6	4	3	5	1	2

61

9	5	2	8	7	3	1	6	4
8	4	1	6	5	9	2	3	7
7	6	3	2	4	1	8	9	5
3	8	6	9	2	5	4	7	1
2	7	9	1	8	4	3	5	6
4	1	5	3	6	7	9	2	8
1	2	8	5	3	6	7	4	9
5	9	4	7	1	2	6	8	3
6	3	7	4	9	8	5	1	2

62

4	1	9	3	7	6	5	8	2
2	6	5	8	4	1	9	3	7
8	7	3	2	9	5	4	1	6
9	3	4	7	6	8	1	2	5
6	5	8	1	2	4	3	7	9
1	2	7	9	5	3	6	4	8
3	9	1	5	8	2	7	6	4
7	8	6	4	1	9	2	5	3
5	4	2	6	3	7	8	9	1

63

3	7	2	9	4	6	1	5	8
4	5	8	7	1	3	6	2	9
9	6	1	5	2	8	7	3	4
7	3	6	1	8	4	5	9	2
8	9	5	2	6	7	4	1	3
1	2	4	3	9	5	8	7	6
2	4	9	8	5	1	3	6	7
6	1	3	4	7	2	9	8	5
5	8	7	6	3	9	2	4	1

64

4	2	5	8	7	3	1	6	9
1	8	6	9	4	2	7	3	5
9	7	3	5	1	6	8	4	2
8	6	9	4	5	7	2	1	3
7	5	2	3	6	1	9	8	4
3	1	4	2	9	8	5	7	6
6	3	1	7	2	5	4	9	8
2	9	7	6	8	4	3	5	1
5	4	8	1	3	9	6	2	7

65

7	8	3	6	5	4	2	9	1
1	5	9	7	2	8	3	4	6
2	6	4	3	1	9	8	7	5
4	3	6	5	8	1	9	2	7
5	9	7	2	6	3	1	8	4
8	2	1	4	9	7	6	5	3
6	1	8	9	4	5	7	3	2
9	7	5	1	3	2	4	6	8
3	4	2	8	7	6	5	1	9

66

1	7	3	2	8	5	6	4	9
4	8	5	7	9	6	3	1	2
2	9	6	1	3	4	7	5	8
7	6	8	5	4	2	1	9	3
9	3	2	8	1	7	4	6	5
5	4	1	9	6	3	8	2	7
8	2	9	4	7	1	5	3	6
3	5	4	6	2	8	9	7	1
6	1	7	3	5	9	2	8	4

67

6	1	5	7	4	9	8	3	2
8	2	3	5	6	1	7	4	9
7	9	4	3	8	2	1	5	6
4	6	9	2	3	8	5	7	1
5	8	7	4	1	6	2	9	3
2	3	1	9	7	5	6	8	4
9	4	8	6	2	7	3	1	5
3	7	6	1	5	4	9	2	8
1	5	2	8	9	3	4	6	7

68

3	4	6	9	1	5	2	8	7
9	7	1	3	2	8	5	4	6
5	2	8	7	6	4	3	9	1
7	1	5	8	4	2	9	6	3
2	8	9	6	3	7	4	1	5
6	3	4	5	9	1	7	2	8
8	6	2	4	7	3	1	5	9
4	9	3	1	5	6	8	7	2
1	5	7	2	8	9	6	3	4

69

6	7	8	3	5	1	4	9	2
3	9	1	4	2	6	8	5	7
2	5	4	7	9	8	6	3	1
7	4	9	1	3	5	2	6	8
8	1	3	2	6	7	5	4	9
5	6	2	8	4	9	1	7	3
1	8	5	9	7	4	3	2	6
9	2	6	5	8	3	7	1	4
4	3	7	6	1	2	9	8	5

70

3	6	4	9	1	7	5	8	2
9	8	5	4	2	6	3	7	1
1	2	7	8	5	3	4	6	9
5	9	1	7	6	8	2	3	4
6	3	2	5	4	1	8	9	7
7	4	8	3	9	2	6	1	5
2	7	6	1	3	4	9	5	8
4	1	9	6	8	5	7	2	3
8	5	3	2	7	9	1	4	6

71

5	3	6	2	9	7	1	8	4
4	8	7	1	6	5	9	3	2
2	9	1	3	8	4	6	7	5
8	1	3	5	7	9	4	2	6
9	4	5	8	2	6	3	1	7
6	7	2	4	3	1	5	9	8
7	5	9	6	1	8	2	4	3
3	6	8	9	4	2	7	5	1
1	2	4	7	5	3	8	6	9

72

3	1	2	4	5	8	9	7	6
4	5	6	1	7	9	3	2	8
9	8	7	6	3	2	1	4	5
1	7	4	8	9	3	6	5	2
5	6	3	2	1	4	8	9	7
2	9	8	7	6	5	4	3	1
8	3	5	9	2	1	7	6	4
6	2	1	3	4	7	5	8	9
7	4	9	5	8	6	2	1	3

73

8	5	6	3	1	2	7	4	9
2	3	9	4	8	7	5	6	1
7	4	1	6	5	9	3	2	8
4	2	8	9	7	5	1	3	6
1	6	5	2	3	4	8	9	7
9	7	3	1	6	8	4	5	2
3	1	2	7	4	6	9	8	5
5	9	4	8	2	1	6	7	3
6	8	7	5	9	3	2	1	4

74

8	2	6	9	3	7	5	4	1
5	7	3	2	1	4	9	8	6
9	1	4	6	5	8	3	2	7
6	5	7	1	8	2	4	3	9
4	3	8	7	6	9	1	5	2
2	9	1	3	4	5	7	6	8
1	4	5	8	9	6	2	7	3
3	6	2	4	7	1	8	9	5
7	8	9	5	2	3	6	1	4

75

8	2	5	7	3	4	9	6	1
6	3	9	1	2	5	7	8	4
7	4	1	8	6	9	5	2	3
5	7	2	6	4	8	3	1	9
4	1	3	5	9	2	6	7	8
9	8	6	3	7	1	2	4	5
3	5	8	2	1	7	4	9	6
2	6	4	9	8	3	1	5	7
1	9	7	4	5	6	8	3	2

76

1	5	8	6	3	4	7	2	9
9	4	7	2	5	8	1	3	6
3	6	2	1	9	7	8	4	5
8	2	3	5	4	1	9	6	7
5	9	1	7	6	2	4	8	3
4	7	6	3	8	9	5	1	2
2	8	4	9	7	3	6	5	1
7	1	5	8	2	6	3	9	4
6	3	9	4	1	5	2	7	8

77

1	6	9	5	3	8	7	2	4
8	2	7	1	6	4	3	9	5
3	4	5	2	9	7	6	8	1
9	5	1	3	2	6	4	7	8
4	7	2	8	1	9	5	6	3
6	3	8	4	7	5	2	1	9
7	9	4	6	5	1	8	3	2
2	8	6	9	4	3	1	5	7
5	1	3	7	8	2	9	4	6

78

6	7	1	8	2	5	3	4	9
9	5	2	6	3	4	7	1	8
8	3	4	1	9	7	6	2	5
4	9	5	2	6	8	1	7	3
1	8	7	4	5	3	2	9	6
2	6	3	9	7	1	5	8	4
3	1	9	5	8	2	4	6	7
5	4	6	7	1	9	8	3	2
7	2	8	3	4	6	9	5	1

79

6	2	7	5	4	9	8	3	1
4	3	9	8	1	7	6	2	5
1	8	5	2	3	6	9	7	4
8	5	6	9	2	3	1	4	7
3	4	2	7	8	1	5	6	9
9	7	1	4	6	5	2	8	3
7	9	8	3	5	2	4	1	6
2	6	3	1	9	4	7	5	8
5	1	4	6	7	8	3	9	2

80

8	4	9	7	1	3	6	2	5
7	5	3	2	6	8	9	4	1
1	2	6	9	4	5	3	8	7
6	9	2	3	7	4	1	5	8
4	1	8	5	2	6	7	3	9
3	7	5	8	9	1	2	6	4
9	3	7	4	5	2	8	1	6
2	6	4	1	8	9	5	7	3
5	8	1	6	3	7	4	9	2

81

8	4	6	1	2	5	7	3	9
1	3	7	6	9	8	4	2	5
2	9	5	7	4	3	1	6	8
5	2	3	9	6	7	8	4	1
6	7	4	2	8	1	5	9	3
9	1	8	5	3	4	6	7	2
3	8	9	4	1	6	2	5	7
7	6	1	3	5	2	9	8	4
4	5	2	8	7	9	3	1	6

82

8	7	6	3	1	5	9	4	2
4	1	9	7	6	2	3	8	5
3	5	2	8	4	9	7	6	1
5	4	7	2	8	3	6	1	9
1	2	8	6	9	7	4	5	3
9	6	3	1	5	4	2	7	8
6	9	1	4	3	8	5	2	7
7	8	5	9	2	6	1	3	4
2	3	4	5	7	1	8	9	6

83

1	8	7	6	5	2	4	3	9
3	5	4	9	7	1	2	6	8
6	2	9	4	8	3	1	7	5
2	4	1	7	3	9	8	5	6
8	7	3	5	6	4	9	1	2
5	9	6	2	1	8	7	4	3
7	6	2	8	4	5	3	9	1
9	3	5	1	2	7	6	8	4
4	1	8	3	9	6	5	2	7

84

1	9	4	6	5	3	8	2	7
5	7	6	1	8	2	4	3	9
3	8	2	9	7	4	1	6	5
9	4	7	8	2	6	5	1	3
6	5	1	7	3	9	2	8	4
8	2	3	5	4	1	7	9	6
7	1	9	2	6	5	3	4	8
2	3	5	4	9	8	6	7	1
4	6	8	3	1	7	9	5	2

85

5	7	9	4	8	6	3	1	2
1	8	6	9	3	2	4	5	7
3	4	2	5	1	7	6	8	9
7	6	4	2	5	8	1	9	3
8	3	1	7	4	9	2	6	5
9	2	5	3	6	1	7	4	8
4	9	3	6	2	5	8	7	1
2	1	7	8	9	4	5	3	6
6	5	8	1	7	3	9	2	4

86

6	8	5	4	1	7	3	2	9
7	1	9	3	6	2	4	8	5
2	3	4	5	8	9	1	7	6
8	4	3	7	5	6	2	9	1
1	5	2	9	3	8	7	6	4
9	7	6	2	4	1	5	3	8
4	6	1	8	7	3	9	5	2
3	9	8	1	2	5	6	4	7
5	2	7	6	9	4	8	1	3

87

2	5	1	6	7	4	3	9	8
9	7	8	3	5	1	6	2	4
6	4	3	9	2	8	5	1	7
3	1	5	4	8	9	2	7	6
7	6	4	2	1	3	9	8	5
8	2	9	7	6	5	1	4	3
5	3	7	1	4	2	8	6	9
4	8	2	5	9	6	7	3	1
1	9	6	8	3	7	4	5	2

88

9	1	2	8	7	3	6	5	4
4	7	6	1	9	5	2	3	8
8	5	3	4	2	6	1	9	7
2	6	1	3	4	7	5	8	9
5	9	4	6	1	8	7	2	3
3	8	7	2	5	9	4	1	6
7	3	8	5	6	1	9	4	2
6	2	5	9	3	4	8	7	1
1	4	9	7	8	2	3	6	5

89

9	4	6	1	8	2	5	3	7
2	3	7	6	4	5	1	8	9
8	1	5	3	9	7	6	2	4
1	2	4	5	7	6	3	9	8
7	9	8	4	3	1	2	5	6
6	5	3	9	2	8	7	4	1
5	7	2	8	6	9	4	1	3
3	6	9	2	1	4	8	7	5
4	8	1	7	5	3	9	6	2

90

6	7	2	9	8	4	1	3	5
5	1	4	2	3	6	9	7	8
8	9	3	7	5	1	6	2	4
9	4	6	8	2	3	5	1	7
2	3	7	1	4	5	8	6	9
1	5	8	6	9	7	3	4	2
3	2	5	4	1	9	7	8	6
4	6	1	5	7	8	2	9	3
7	8	9	3	6	2	4	5	1

91

5	8	9	4	3	1	6	7	2
4	1	6	2	7	9	5	3	8
2	7	3	5	6	8	4	1	9
7	5	8	3	2	4	9	6	1
6	9	4	7	1	5	2	8	3
3	2	1	9	8	6	7	4	5
1	3	7	6	9	2	8	5	4
9	6	5	8	4	3	1	2	7
8	4	2	1	5	7	3	9	6

92

1	4	7	5	8	2	6	3	9
9	2	8	7	6	3	5	4	1
3	5	6	1	4	9	7	2	8
7	8	4	3	5	6	1	9	2
5	9	3	2	7	1	4	8	6
2	6	1	4	9	8	3	7	5
8	3	5	6	2	7	9	1	4
4	1	9	8	3	5	2	6	7
6	7	2	9	1	4	8	5	3

93

3	2	8	9	7	4	6	5	1
9	4	1	8	6	5	2	3	7
5	7	6	2	3	1	8	9	4
7	1	3	4	2	9	5	8	6
6	5	2	1	8	3	7	4	9
8	9	4	6	5	7	1	2	3
4	6	5	3	1	8	9	7	2
1	3	7	5	9	2	4	6	8
2	8	9	7	4	6	3	1	5

94

8	1	5	4	9	2	3	6	7
2	4	3	6	5	7	1	9	8
6	7	9	3	8	1	4	2	5
5	6	8	2	3	9	7	4	1
4	9	7	5	1	6	2	8	3
3	2	1	8	7	4	9	5	6
7	5	4	1	2	8	6	3	9
9	8	2	7	6	3	5	1	4
1	3	6	9	4	5	8	7	2

95

4	7	5	2	1	3	8	6	9
2	9	1	8	6	4	3	7	5
6	3	8	9	7	5	4	1	2
8	1	7	6	3	9	2	5	4
3	5	2	1	4	8	6	9	7
9	6	4	7	5	2	1	3	8
7	8	3	5	2	6	9	4	1
5	2	6	4	9	1	7	8	3
1	4	9	3	8	7	5	2	6

96

4	8	7	3	2	5	6	1	9
1	9	6	4	7	8	3	5	2
3	2	5	1	9	6	4	7	8
5	4	1	9	8	7	2	3	6
2	7	8	6	3	1	9	4	5
6	3	9	5	4	2	1	8	7
9	6	4	7	5	3	8	2	1
8	5	3	2	1	9	7	6	4
7	1	2	8	6	4	5	9	3

97

7	8	1	2	6	3	4	5	9
3	5	4	9	1	8	7	6	2
6	9	2	7	5	4	1	8	3
4	2	6	1	9	7	5	3	8
9	3	8	4	2	5	6	7	1
5	1	7	8	3	6	2	9	4
1	6	3	5	4	9	8	2	7
8	4	9	6	7	2	3	1	5
2	7	5	3	8	1	9	4	6

98

3	7	6	9	2	8	1	4	5
8	1	5	4	7	6	9	3	2
2	4	9	1	5	3	7	8	6
4	6	8	5	3	1	2	7	9
7	9	2	6	8	4	3	5	1
1	5	3	2	9	7	4	6	8
9	8	4	3	6	2	5	1	7
6	2	1	7	4	5	8	9	3
5	3	7	8	1	9	6	2	4

99

9	1	8	3	2	5	6	4	7
5	6	2	7	4	9	8	3	1
7	4	3	6	8	1	9	2	5
2	8	1	9	5	3	7	6	4
6	7	4	2	1	8	3	5	9
3	5	9	4	6	7	1	8	2
1	3	6	5	9	2	4	7	8
4	9	5	8	7	6	2	1	3
8	2	7	1	3	4	5	9	6

100

4	9	3	1	2	5	7	6	8
6	5	7	8	3	9	2	4	1
2	8	1	7	4	6	9	3	5
3	7	4	9	5	1	8	2	6
5	6	2	4	8	7	1	9	3
9	1	8	2	6	3	5	7	4
8	2	5	3	7	4	6	1	9
1	4	6	5	9	2	3	8	7
7	3	9	6	1	8	4	5	2

101

3	1	9	6	7	2	8	5	4
7	4	6	8	9	5	2	1	3
8	2	5	1	3	4	6	9	7
9	6	4	5	2	7	3	8	1
2	5	7	3	1	8	4	6	9
1	3	8	9	4	6	7	2	5
5	7	3	2	6	9	1	4	8
6	9	1	4	8	3	5	7	2
4	8	2	7	5	1	9	3	6

102

5	1	7	8	4	9	2	6	3
6	9	3	2	7	1	5	4	8
2	8	4	5	3	6	9	7	1
1	7	5	4	2	3	6	8	9
9	4	2	1	6	8	3	5	7
8	3	6	9	5	7	1	2	4
4	6	1	3	8	2	7	9	5
3	2	8	7	9	5	4	1	6
7	5	9	6	1	4	8	3	2

103

2	5	4	7	9	3	8	1	6
9	1	7	5	6	8	2	4	3
6	8	3	1	4	2	7	5	9
3	9	8	2	5	4	6	7	1
1	4	2	9	7	6	5	3	8
5	7	6	3	8	1	9	2	4
8	6	5	4	3	7	1	9	2
7	3	1	8	2	9	4	6	5
4	2	9	6	1	5	3	8	7

104

4	8	6	3	2	1	5	9	7
1	7	5	8	9	4	2	3	6
3	9	2	7	6	5	4	8	1
7	2	1	4	8	6	9	5	3
5	3	4	1	7	9	8	6	2
9	6	8	2	5	3	7	1	4
8	1	7	9	3	2	6	4	5
2	5	3	6	4	8	1	7	9
6	4	9	5	1	7	3	2	8

105

6	4	7	3	9	5	8	1	2
2	5	8	6	1	7	9	3	4
3	1	9	4	2	8	6	5	7
5	8	3	7	4	1	2	6	9
7	2	1	8	6	9	3	4	5
4	9	6	5	3	2	7	8	1
9	3	2	1	5	6	4	7	8
8	6	5	9	7	4	1	2	3
1	7	4	2	8	3	5	9	6

106

5	2	6	4	1	3	7	9	8
3	4	7	8	2	9	6	5	1
9	1	8	7	6	5	2	4	3
1	3	9	5	4	2	8	7	6
6	8	2	3	9	7	5	1	4
7	5	4	1	8	6	3	2	9
4	7	1	6	5	8	9	3	2
8	9	5	2	3	4	1	6	7
2	6	3	9	7	1	4	8	5

107

6	1	5	9	3	7	4	2	8
8	9	7	4	5	2	1	6	3
3	2	4	1	8	6	5	9	7
7	6	9	5	1	8	3	4	2
5	8	1	3	2	4	9	7	6
4	3	2	6	7	9	8	5	1
9	4	3	7	6	1	2	8	5
1	7	8	2	9	5	6	3	4
2	5	6	8	4	3	7	1	9

108

8	4	9	5	2	1	3	7	6
6	5	3	8	7	9	1	2	4
1	2	7	4	6	3	8	9	5
5	6	2	1	8	7	4	3	9
9	8	1	3	4	2	5	6	7
7	3	4	9	5	6	2	8	1
4	9	5	7	3	8	6	1	2
2	7	8	6	1	5	9	4	3
3	1	6	2	9	4	7	5	8

109

1	9	6	8	7	5	2	4	3
3	8	7	4	1	2	9	6	5
4	2	5	6	9	3	8	1	7
2	5	4	7	3	6	1	9	8
7	1	8	9	2	4	3	5	6
9	6	3	1	5	8	4	7	2
5	7	2	3	4	9	6	8	1
6	4	1	2	8	7	5	3	9
8	3	9	5	6	1	7	2	4

110

8	7	3	1	4	9	2	6	5
2	6	5	3	8	7	9	4	1
1	9	4	6	2	5	7	8	3
4	1	7	2	3	8	5	9	6
3	8	6	5	9	4	1	7	2
5	2	9	7	1	6	8	3	4
6	4	8	9	5	1	3	2	7
7	3	1	8	6	2	4	5	9
9	5	2	4	7	3	6	1	8

111

4	1	7	5	3	9	2	6	8
2	3	8	7	6	4	5	9	1
9	6	5	8	1	2	7	4	3
8	2	1	6	9	3	4	7	5
5	7	6	4	2	8	1	3	9
3	4	9	1	5	7	8	2	6
1	5	2	9	4	6	3	8	7
6	8	4	3	7	1	9	5	2
7	9	3	2	8	5	6	1	4

112

7	5	2	8	1	6	9	4	3
1	3	4	2	9	5	7	6	8
9	8	6	4	7	3	2	5	1
4	9	1	5	8	7	3	2	6
5	6	7	1	3	2	8	9	4
3	2	8	9	6	4	1	7	5
2	4	3	7	5	1	6	8	9
8	1	5	6	2	9	4	3	7
6	7	9	3	4	8	5	1	2

113

2	6	5	4	7	9	3	1	8
7	8	1	6	3	2	9	5	4
3	9	4	1	8	5	2	7	6
4	5	2	9	6	3	1	8	7
1	7	9	5	4	8	6	2	3
6	3	8	7	2	1	4	9	5
8	2	7	3	1	4	5	6	9
9	4	6	2	5	7	8	3	1
5	1	3	8	9	6	7	4	2

114

4	1	6	7	5	3	8	9	2
8	9	7	4	6	2	1	5	3
3	5	2	9	1	8	4	7	6
5	6	9	1	2	7	3	8	4
1	8	4	5	3	9	2	6	7
2	7	3	8	4	6	5	1	9
7	3	5	6	8	4	9	2	1
6	4	8	2	9	1	7	3	5
9	2	1	3	7	5	6	4	8

115

1	3	8	4	2	6	5	9	7
7	4	2	5	9	3	1	6	8
9	5	6	1	8	7	3	4	2
8	2	9	6	3	5	7	1	4
3	7	5	8	1	4	9	2	6
6	1	4	2	7	9	8	5	3
4	8	7	9	6	1	2	3	5
2	6	1	3	5	8	4	7	9
5	9	3	7	4	2	6	8	1

116

9	8	5	3	1	6	2	4	7
1	2	4	5	7	8	6	3	9
7	3	6	9	2	4	8	5	1
3	6	7	8	4	1	9	2	5
8	4	2	7	9	5	1	6	3
5	1	9	2	6	3	7	8	4
4	9	8	6	5	7	3	1	2
2	5	3	1	8	9	4	7	6
6	7	1	4	3	2	5	9	8

117

5	4	1	8	2	7	6	3	9
7	2	6	4	9	3	1	8	5
3	8	9	5	1	6	4	7	2
2	1	7	9	6	8	5	4	3
4	9	3	1	5	2	8	6	7
6	5	8	7	3	4	2	9	1
9	6	2	3	8	1	7	5	4
1	3	4	6	7	5	9	2	8
8	7	5	2	4	9	3	1	6

118

6	1	4	2	9	8	3	7	5
7	3	9	4	5	6	1	2	8
5	8	2	7	1	3	4	6	9
4	5	7	9	3	2	8	1	6
3	2	1	8	6	5	7	9	4
8	9	6	1	4	7	5	3	2
1	6	8	5	7	9	2	4	3
9	7	5	3	2	4	6	8	1
2	4	3	6	8	1	9	5	7

119

5	4	3	8	7	6	9	2	1
1	6	9	2	3	5	8	4	7
7	8	2	9	1	4	6	5	3
4	3	5	7	6	8	2	1	9
9	7	1	3	4	2	5	8	6
8	2	6	1	5	9	7	3	4
3	1	8	5	9	7	4	6	2
2	9	4	6	8	1	3	7	5
6	5	7	4	2	3	1	9	8

120

9	5	1	8	7	4	6	3	2
3	4	2	9	1	6	8	7	5
7	6	8	5	3	2	1	4	9
1	7	3	6	4	9	2	5	8
2	8	4	3	5	1	7	9	6
5	9	6	7	2	8	3	1	4
6	1	5	4	8	3	9	2	7
8	2	7	1	9	5	4	6	3
4	3	9	2	6	7	5	8	1

121

7	2	5	3	8	6	9	1	4
3	4	6	1	9	5	2	7	8
8	9	1	4	2	7	5	6	3
1	6	2	5	7	8	3	4	9
4	3	8	2	1	9	7	5	6
9	5	7	6	4	3	8	2	1
5	1	4	8	3	2	6	9	7
2	8	9	7	6	1	4	3	5
6	7	3	9	5	4	1	8	2

122

2	4	8	9	1	3	6	7	5
9	5	3	7	6	8	1	4	2
7	6	1	5	2	4	8	9	3
6	9	2	3	4	7	5	1	8
3	8	5	6	9	1	4	2	7
4	1	7	2	8	5	9	3	6
5	2	4	1	3	6	7	8	9
1	7	9	8	5	2	3	6	4
8	3	6	4	7	9	2	5	1

123

7	9	2	4	8	6	1	5	3
3	1	6	9	7	5	8	4	2
8	4	5	3	1	2	9	7	6
6	3	8	1	5	7	4	2	9
4	2	9	8	6	3	7	1	5
5	7	1	2	4	9	3	6	8
2	8	7	6	3	1	5	9	4
9	5	4	7	2	8	6	3	1
1	6	3	5	9	4	2	8	7

124

6	8	1	4	5	2	7	3	9
4	5	3	9	8	7	6	1	2
2	9	7	6	3	1	4	5	8
3	7	6	2	1	9	8	4	5
5	2	8	3	4	6	9	7	1
1	4	9	8	7	5	2	6	3
9	6	5	1	2	4	3	8	7
8	1	2	7	6	3	5	9	4
7	3	4	5	9	8	1	2	6

125

2	6	3	7	9	1	4	8	5
7	9	8	4	5	3	6	1	2
5	4	1	8	2	6	7	9	3
9	1	7	3	6	8	5	2	4
6	3	2	5	1	4	9	7	8
4	8	5	9	7	2	1	3	6
8	2	9	6	4	7	3	5	1
1	5	4	2	3	9	8	6	7
3	7	6	1	8	5	2	4	9

126

2	3	6	8	9	5	4	1	7
9	4	8	3	7	1	2	6	5
7	5	1	6	2	4	9	8	3
1	6	3	5	4	9	7	2	8
5	8	9	7	3	2	6	4	1
4	7	2	1	6	8	5	3	9
6	9	5	2	8	3	1	7	4
8	1	7	4	5	6	3	9	2
3	2	4	9	1	7	8	5	6

127

2	7	4	8	9	6	1	3	5
3	9	8	7	1	5	6	4	2
1	6	5	3	2	4	7	8	9
5	1	3	2	4	8	9	7	6
7	8	6	9	5	3	4	2	1
4	2	9	1	6	7	8	5	3
9	4	1	5	7	2	3	6	8
8	5	7	6	3	9	2	1	4
6	3	2	4	8	1	5	9	7

128

3	4	6	5	8	9	1	7	2
9	5	1	2	6	7	8	3	4
7	8	2	4	1	3	5	6	9
5	7	4	6	3	2	9	1	8
8	6	3	9	4	1	2	5	7
1	2	9	7	5	8	6	4	3
4	3	5	8	2	6	7	9	1
2	1	7	3	9	5	4	8	6
6	9	8	1	7	4	3	2	5

129

7	2	9	8	1	4	6	5	3
5	6	4	7	3	9	1	8	2
3	1	8	6	2	5	4	9	7
2	4	7	9	8	1	3	6	5
1	5	6	3	4	7	8	2	9
9	8	3	5	6	2	7	1	4
8	3	2	4	5	6	9	7	1
6	9	5	1	7	3	2	4	8
4	7	1	2	9	8	5	3	6

130

4	9	1	2	8	3	7	5	6
5	6	7	9	1	4	3	8	2
2	8	3	6	5	7	1	9	4
6	7	9	1	4	5	8	2	3
8	1	4	3	6	2	9	7	5
3	5	2	7	9	8	4	6	1
7	4	5	8	3	6	2	1	9
9	2	6	4	7	1	5	3	8
1	3	8	5	2	9	6	4	7

131

9	5	7	8	2	4	3	1	6
6	8	4	1	9	3	2	5	7
1	2	3	6	5	7	4	8	9
4	6	1	3	8	9	7	2	5
8	3	2	5	7	1	6	9	4
7	9	5	4	6	2	8	3	1
3	1	6	2	4	5	9	7	8
5	7	8	9	3	6	1	4	2
2	4	9	7	1	8	5	6	3

132

9	4	3	5	2	1	6	7	8
6	2	5	4	7	8	3	9	1
7	8	1	9	6	3	5	4	2
3	5	2	1	4	9	7	8	6
4	6	9	2	8	7	1	3	5
1	7	8	6	3	5	4	2	9
2	3	6	8	5	4	9	1	7
8	9	7	3	1	6	2	5	4
5	1	4	7	9	2	8	6	3

133

8	5	9	1	6	4	3	2	7
1	3	2	9	8	7	6	5	4
7	6	4	5	2	3	1	8	9
3	8	7	2	4	9	5	6	1
9	1	5	7	3	6	8	4	2
4	2	6	8	5	1	7	9	3
5	9	3	6	1	2	4	7	8
2	4	8	3	7	5	9	1	6
6	7	1	4	9	8	2	3	5

134

6	2	3	1	5	4	7	9	8
9	5	1	8	7	3	2	4	6
4	7	8	2	6	9	1	5	3
3	8	2	7	4	1	9	6	5
7	6	5	9	3	2	8	1	4
1	9	4	5	8	6	3	2	7
5	1	7	6	9	8	4	3	2
8	3	9	4	2	5	6	7	1
2	4	6	3	1	7	5	8	9

135

7	6	4	2	9	5	8	3	1
2	1	9	6	3	8	7	4	5
3	5	8	4	1	7	6	2	9
9	3	1	8	4	6	2	5	7
4	8	7	9	5	2	3	1	6
6	2	5	1	7	3	4	9	8
1	7	6	5	2	4	9	8	3
5	4	3	7	8	9	1	6	2
8	9	2	3	6	1	5	7	4

136

7	3	1	6	5	8	4	2	9
6	4	8	9	7	2	5	3	1
9	5	2	3	4	1	6	7	8
1	8	3	5	2	7	9	4	6
4	6	7	1	8	9	2	5	3
5	2	9	4	3	6	1	8	7
8	9	5	7	6	4	3	1	2
3	7	6	2	1	5	8	9	4
2	1	4	8	9	3	7	6	5

137

5	6	3	9	7	1	2	8	4
1	2	9	4	5	8	7	3	6
8	4	7	6	3	2	5	9	1
3	1	6	2	9	4	8	7	5
2	5	4	8	6	7	9	1	3
9	7	8	5	1	3	6	4	2
7	8	2	1	4	5	3	6	9
6	3	1	7	2	9	4	5	8
4	9	5	3	8	6	1	2	7

138

7	2	6	3	8	5	9	1	4
3	1	4	7	2	9	6	5	8
5	8	9	6	4	1	3	2	7
6	9	8	4	3	2	1	7	5
1	4	3	5	7	8	2	9	6
2	7	5	9	1	6	4	8	3
9	6	7	1	5	4	8	3	2
8	3	1	2	6	7	5	4	9
4	5	2	8	9	3	7	6	1

139

7	2	5	8	4	3	9	6	1
3	9	4	6	1	5	7	2	8
8	6	1	2	9	7	3	4	5
5	7	6	1	2	8	4	9	3
1	8	2	4	3	9	6	5	7
9	4	3	5	7	6	8	1	2
4	5	9	7	8	1	2	3	6
2	1	8	3	6	4	5	7	9
6	3	7	9	5	2	1	8	4

140

4	5	9	6	3	2	8	1	7
8	1	6	4	5	7	9	2	3
7	3	2	1	8	9	5	6	4
1	8	4	2	6	5	7	3	9
9	6	7	8	4	3	1	5	2
5	2	3	9	7	1	6	4	8
2	4	5	7	1	8	3	9	6
6	7	1	3	9	4	2	8	5
3	9	8	5	2	6	4	7	1

141

3	5	1	7	8	9	4	6	2
6	4	7	1	2	5	8	9	3
2	8	9	3	4	6	5	1	7
4	1	5	2	9	7	3	8	6
9	7	6	8	1	3	2	5	4
8	2	3	6	5	4	1	7	9
1	9	4	5	7	2	6	3	8
7	3	8	4	6	1	9	2	5
5	6	2	9	3	8	7	4	1

142

3	9	1	4	8	2	5	7	6
5	8	6	7	1	3	4	9	2
7	4	2	5	6	9	1	8	3
1	5	9	6	2	7	8	3	4
4	6	7	8	3	5	2	1	9
2	3	8	1	9	4	7	6	5
8	1	5	9	4	6	3	2	7
6	2	4	3	7	8	9	5	1
9	7	3	2	5	1	6	4	8

143

7	2	8	1	9	6	3	5	4
6	3	4	7	5	2	9	8	1
5	9	1	3	8	4	6	7	2
3	1	6	8	4	7	5	2	9
2	4	7	5	3	9	8	1	6
8	5	9	2	6	1	4	3	7
4	8	2	6	7	5	1	9	3
1	6	3	9	2	8	7	4	5
9	7	5	4	1	3	2	6	8

144

4	5	1	3	8	7	6	9	2
7	9	8	2	5	6	3	1	4
3	2	6	9	1	4	7	5	8
2	8	4	6	3	5	1	7	9
5	6	9	1	7	2	4	8	3
1	7	3	8	4	9	5	2	6
9	4	2	7	6	1	8	3	5
6	3	7	5	2	8	9	4	1
8	1	5	4	9	3	2	6	7

145

7	1	9	6	2	3	8	5	4
5	3	2	4	8	1	9	7	6
4	8	6	7	5	9	1	3	2
3	9	4	1	7	2	5	6	8
8	7	1	5	4	6	3	2	9
2	6	5	3	9	8	7	4	1
1	2	3	8	6	5	4	9	7
6	5	7	9	1	4	2	8	3
9	4	8	2	3	7	6	1	5

146

4	9	7	3	5	1	2	8	6
5	3	2	8	6	7	4	1	9
1	8	6	9	2	4	5	7	3
7	4	3	1	9	5	8	6	2
9	1	5	2	8	6	3	4	7
6	2	8	7	4	3	9	5	1
3	7	4	5	1	9	6	2	8
2	6	1	4	3	8	7	9	5
8	5	9	6	7	2	1	3	4

147

4	7	1	8	3	2	6	5	9
3	9	6	7	4	5	8	1	2
2	5	8	9	6	1	4	3	7
8	2	7	1	5	3	9	4	6
1	6	3	4	8	9	7	2	5
9	4	5	6	2	7	3	8	1
7	3	2	5	9	4	1	6	8
6	1	4	2	7	8	5	9	3
5	8	9	3	1	6	2	7	4

148

3	8	4	7	2	9	6	5	1
6	1	7	5	4	8	2	9	3
5	9	2	6	3	1	7	4	8
8	5	1	9	7	6	3	2	4
4	7	6	3	8	2	9	1	5
2	3	9	1	5	4	8	6	7
9	4	5	8	6	7	1	3	2
1	2	8	4	9	3	5	7	6
7	6	3	2	1	5	4	8	9

149

4	3	8	5	2	9	1	7	6
1	7	5	3	8	6	2	9	4
6	9	2	1	4	7	8	5	3
7	2	1	9	6	3	5	4	8
9	5	4	8	1	2	3	6	7
8	6	3	7	5	4	9	1	2
3	8	9	6	7	1	4	2	5
2	1	7	4	3	5	6	8	9
5	4	6	2	9	8	7	3	1

150

2	7	6	5	3	4	9	1	8
1	9	4	6	8	2	7	5	3
5	8	3	7	1	9	4	2	6
3	2	1	4	7	6	8	9	5
7	4	8	9	5	1	6	3	2
6	5	9	8	2	3	1	4	7
8	1	2	3	9	7	5	6	4
9	6	5	2	4	8	3	7	1
4	3	7	1	6	5	2	8	9

151

3	7	8	2	6	9	4	5	1
4	5	9	3	8	1	6	7	2
6	1	2	5	4	7	3	8	9
7	8	4	6	1	3	9	2	5
5	2	6	9	7	4	8	1	3
9	3	1	8	2	5	7	6	4
2	6	5	4	9	8	1	3	7
8	4	7	1	3	2	5	9	6
1	9	3	7	5	6	2	4	8

152

3	2	5	7	4	8	1	6	9
6	4	8	9	2	1	3	5	7
1	9	7	6	3	5	8	4	2
2	3	6	8	1	9	5	7	4
7	5	9	3	6	4	2	8	1
4	8	1	2	5	7	9	3	6
8	6	4	1	9	3	7	2	5
9	7	2	5	8	6	4	1	3
5	1	3	4	7	2	6	9	8

153

2	8	6	5	4	1	7	9	3
1	7	5	9	2	3	6	4	8
3	4	9	7	8	6	1	5	2
4	5	3	1	9	7	8	2	6
9	1	2	8	6	5	4	3	7
8	6	7	4	3	2	5	1	9
7	2	4	3	1	8	9	6	5
6	9	8	2	5	4	3	7	1
5	3	1	6	7	9	2	8	4

154

7	4	1	2	6	5	3	8	9
6	9	2	8	4	3	1	7	5
8	3	5	7	9	1	2	4	6
2	5	9	1	7	6	4	3	8
4	6	7	5	3	8	9	1	2
3	1	8	4	2	9	5	6	7
5	8	4	9	1	7	6	2	3
1	7	6	3	5	2	8	9	4
9	2	3	6	8	4	7	5	1

155

6	3	8	2	5	9	4	7	1
1	2	4	7	3	8	9	6	5
7	9	5	4	1	6	8	2	3
4	8	1	9	7	3	2	5	6
2	5	6	1	8	4	7	3	9
3	7	9	5	6	2	1	4	8
9	6	7	3	2	1	5	8	4
8	4	2	6	9	5	3	1	7
5	1	3	8	4	7	6	9	2

156

4	2	3	9	8	1	6	7	5
6	1	8	7	5	3	2	4	9
7	5	9	6	2	4	8	3	1
2	8	7	4	1	5	3	9	6
1	3	6	8	9	7	5	2	4
9	4	5	2	3	6	7	1	8
3	9	2	5	4	8	1	6	7
8	7	4	1	6	2	9	5	3
5	6	1	3	7	9	4	8	2

157

9	3	1	8	5	4	6	2	7
7	8	2	9	3	6	1	4	5
6	4	5	2	7	1	9	3	8
1	5	4	6	8	9	2	7	3
2	9	8	3	1	7	5	6	4
3	7	6	5	4	2	8	1	9
8	1	9	4	2	3	7	5	6
5	2	3	7	6	8	4	9	1
4	6	7	1	9	5	3	8	2

158

5	7	2	3	8	4	6	9	1
1	4	8	9	7	6	5	2	3
3	6	9	1	2	5	7	8	4
9	8	6	5	3	7	1	4	2
2	5	3	6	4	1	9	7	8
4	1	7	8	9	2	3	6	5
6	2	5	7	1	8	4	3	9
7	9	4	2	5	3	8	1	6
8	3	1	4	6	9	2	5	7

159

3	6	1	4	9	2	7	8	5
2	4	8	5	1	7	3	6	9
7	5	9	6	8	3	4	1	2
8	9	6	2	7	1	5	3	4
4	2	3	9	5	8	6	7	1
5	1	7	3	6	4	2	9	8
9	7	4	1	3	5	8	2	6
6	8	2	7	4	9	1	5	3
1	3	5	8	2	6	9	4	7

160

5	3	1	4	2	6	7	8	9
7	2	8	1	5	9	6	3	4
9	6	4	8	3	7	1	2	5
4	7	5	2	1	3	9	6	8
2	1	9	6	4	8	5	7	3
6	8	3	7	9	5	4	1	2
1	9	6	3	8	4	2	5	7
8	5	2	9	7	1	3	4	6
3	4	7	5	6	2	8	9	1

161

2	5	7	4	3	9	8	6	1
9	4	3	8	1	6	2	7	5
8	6	1	7	2	5	3	4	9
3	7	8	1	6	4	5	9	2
1	9	5	2	7	8	6	3	4
4	2	6	5	9	3	7	1	8
7	1	4	6	8	2	9	5	3
6	3	2	9	5	1	4	8	7
5	8	9	3	4	7	1	2	6

162

5	2	8	4	9	7	1	6	3
4	1	3	2	8	6	7	5	9
9	6	7	5	3	1	4	8	2
1	8	2	6	7	3	9	4	5
6	9	4	1	5	8	3	2	7
7	3	5	9	2	4	6	1	8
8	5	6	3	1	9	2	7	4
2	4	9	7	6	5	8	3	1
3	7	1	8	4	2	5	9	6

163

5	3	4	7	9	6	8	1	2
1	8	9	4	3	2	5	6	7
6	7	2	1	5	8	4	9	3
4	6	5	9	1	3	7	2	8
9	2	7	8	6	5	1	3	4
8	1	3	2	7	4	9	5	6
7	5	6	3	8	9	2	4	1
3	4	8	5	2	1	6	7	9
2	9	1	6	4	7	3	8	5

164

7	2	9	6	4	8	5	1	3
6	3	5	9	1	2	8	7	4
4	1	8	7	5	3	9	2	6
1	6	2	4	7	9	3	8	5
3	5	4	2	8	1	6	9	7
9	8	7	3	6	5	2	4	1
2	4	3	1	9	6	7	5	8
8	9	1	5	3	7	4	6	2
5	7	6	8	2	4	1	3	9

165

5	8	9	1	7	4	2	3	6
6	2	3	8	9	5	1	7	4
4	7	1	2	6	3	8	5	9
8	9	4	5	1	7	3	6	2
7	1	6	9	3	2	4	8	5
3	5	2	4	8	6	9	1	7
1	6	8	7	2	9	5	4	3
2	4	7	3	5	8	6	9	1
9	3	5	6	4	1	7	2	8

166

4	8	9	5	2	6	1	3	7
2	1	6	7	3	8	9	5	4
5	3	7	4	1	9	6	2	8
3	2	5	9	4	1	8	7	6
9	4	8	6	7	2	3	1	5
7	6	1	8	5	3	2	4	9
8	7	3	2	9	5	4	6	1
1	9	4	3	6	7	5	8	2
6	5	2	1	8	4	7	9	3

167

8	4	5	9	7	3	2	6	1
3	6	7	2	1	8	4	5	9
2	1	9	6	5	4	8	7	3
9	3	1	5	8	6	7	2	4
7	5	8	1	4	2	9	3	6
4	2	6	7	3	9	5	1	8
1	9	2	4	6	7	3	8	5
6	7	3	8	9	5	1	4	2
5	8	4	3	2	1	6	9	7

168

4	1	9	8	6	7	3	2	5
3	6	8	1	5	2	7	9	4
5	2	7	9	3	4	8	6	1
2	5	3	6	4	8	1	7	9
8	4	1	7	9	3	6	5	2
7	9	6	5	2	1	4	3	8
6	7	4	2	8	9	5	1	3
1	8	2	3	7	5	9	4	6
9	3	5	4	1	6	2	8	7

169

6	8	5	9	3	1	2	4	7
7	3	2	6	5	4	9	1	8
4	1	9	2	7	8	5	6	3
8	9	1	7	4	6	3	2	5
2	7	4	5	1	3	6	8	9
3	5	6	8	9	2	4	7	1
1	2	7	3	6	9	8	5	4
9	4	8	1	2	5	7	3	6
5	6	3	4	8	7	1	9	2

170

3	7	6	1	8	4	2	5	9
4	2	5	9	6	3	1	8	7
9	1	8	7	5	2	3	6	4
7	6	9	2	1	5	4	3	8
5	4	1	6	3	8	7	9	2
2	8	3	4	9	7	5	1	6
6	3	7	8	4	1	9	2	5
8	5	2	3	7	9	6	4	1
1	9	4	5	2	6	8	7	3

171

8	4	5	6	7	9	3	1	2
3	6	7	2	1	8	5	9	4
1	2	9	5	3	4	6	8	7
9	3	1	4	2	7	8	5	6
7	5	4	9	8	6	1	2	3
6	8	2	1	5	3	7	4	9
5	1	6	3	9	2	4	7	8
2	7	3	8	4	5	9	6	1
4	9	8	7	6	1	2	3	5

172

7	8	3	6	5	4	2	9	1
1	5	2	3	9	8	7	6	4
6	4	9	7	1	2	8	5	3
2	1	7	9	3	6	4	8	5
4	9	5	8	2	7	3	1	6
3	6	8	1	4	5	9	7	2
9	7	4	5	6	3	1	2	8
8	3	6	2	7	1	5	4	9
5	2	1	4	8	9	6	3	7

173

4	2	5	1	6	7	3	8	9
7	9	1	8	5	3	6	4	2
3	8	6	9	2	4	7	5	1
6	1	8	3	4	9	5	2	7
9	3	2	5	7	1	4	6	8
5	4	7	6	8	2	9	1	3
2	7	3	4	1	5	8	9	6
1	6	4	7	9	8	2	3	5
8	5	9	2	3	6	1	7	4

174

4	5	7	6	3	2	9	1	8
2	6	9	1	8	5	7	4	3
1	8	3	4	9	7	6	5	2
6	1	5	3	7	8	4	2	9
3	9	8	2	6	4	1	7	5
7	4	2	5	1	9	3	8	6
9	2	6	8	4	1	5	3	7
5	3	4	7	2	6	8	9	1
8	7	1	9	5	3	2	6	4

175

9	3	5	1	7	6	4	8	2
2	6	4	5	8	3	1	9	7
1	8	7	2	9	4	5	3	6
4	9	3	6	1	7	8	2	5
6	2	8	4	3	5	9	7	1
7	5	1	9	2	8	3	6	4
5	7	9	3	6	1	2	4	8
8	1	2	7	4	9	6	5	3
3	4	6	8	5	2	7	1	9

176

5	3	9	4	8	1	7	6	2
8	7	2	3	5	6	9	1	4
6	1	4	9	2	7	8	3	5
4	9	7	1	3	2	6	5	8
2	6	5	7	9	8	1	4	3
3	8	1	6	4	5	2	7	9
1	4	3	8	7	9	5	2	6
7	5	8	2	6	3	4	9	1
9	2	6	5	1	4	3	8	7

177

9	8	7	2	4	3	1	6	5
2	6	5	8	1	9	4	3	7
4	3	1	6	7	5	2	9	8
5	7	8	3	6	4	9	2	1
3	2	6	1	9	8	5	7	4
1	9	4	5	2	7	3	8	6
6	1	9	4	8	2	7	5	3
7	4	3	9	5	6	8	1	2
8	5	2	7	3	1	6	4	9

178

7	1	4	5	9	3	8	2	6
3	9	6	8	4	2	7	5	1
5	8	2	6	1	7	9	4	3
6	2	9	3	7	1	4	8	5
4	5	1	2	8	9	3	6	7
8	7	3	4	5	6	1	9	2
1	6	7	9	2	4	5	3	8
9	3	5	1	6	8	2	7	4
2	4	8	7	3	5	6	1	9

179

8	6	3	5	4	2	7	9	1
1	9	4	3	7	8	2	5	6
7	5	2	1	9	6	8	3	4
2	1	9	8	3	4	5	6	7
6	4	8	2	5	7	3	1	9
5	3	7	6	1	9	4	2	8
4	2	1	7	6	3	9	8	5
3	7	6	9	8	5	1	4	2
9	8	5	4	2	1	6	7	3

180

9	3	2	1	7	8	5	6	4
7	6	4	2	5	3	1	8	9
1	8	5	6	4	9	2	3	7
3	5	8	4	6	2	7	9	1
4	2	1	9	3	7	8	5	6
6	7	9	5	8	1	4	2	3
8	4	3	7	9	5	6	1	2
2	9	7	8	1	6	3	4	5
5	1	6	3	2	4	9	7	8

181

4	9	1	3	6	8	5	2	7
5	6	8	9	7	2	3	4	1
3	2	7	4	5	1	6	9	8
2	8	5	1	4	7	9	3	6
1	3	6	2	8	9	7	5	4
7	4	9	6	3	5	1	8	2
8	5	3	7	2	6	4	1	9
6	1	2	5	9	4	8	7	3
9	7	4	8	1	3	2	6	5

182

1	4	6	2	5	9	8	3	7
2	9	8	7	3	4	1	5	6
5	3	7	8	1	6	4	2	9
4	6	3	9	2	8	5	7	1
9	2	1	6	7	5	3	4	8
8	7	5	1	4	3	6	9	2
6	1	4	5	9	2	7	8	3
7	5	2	3	8	1	9	6	4
3	8	9	4	6	7	2	1	5

183

9	5	7	8	4	1	6	2	3
2	8	1	6	5	3	4	9	7
4	6	3	7	2	9	1	5	8
1	3	5	2	9	7	8	4	6
7	2	6	4	3	8	9	1	5
8	9	4	5	1	6	3	7	2
5	1	2	3	6	4	7	8	9
6	7	9	1	8	5	2	3	4
3	4	8	9	7	2	5	6	1

184

9	3	8	1	5	2	7	6	4
7	6	1	4	8	3	5	2	9
5	4	2	9	6	7	1	3	8
2	9	4	5	3	8	6	1	7
8	7	3	6	1	4	2	9	5
1	5	6	7	2	9	4	8	3
6	2	9	8	4	5	3	7	1
3	8	5	2	7	1	9	4	6
4	1	7	3	9	6	8	5	2

185

7	1	4	5	8	2	9	3	6
6	5	8	7	3	9	1	2	4
3	9	2	6	4	1	7	5	8
1	6	7	4	2	8	5	9	3
5	2	9	3	6	7	4	8	1
4	8	3	1	9	5	2	6	7
8	7	5	2	1	3	6	4	9
9	4	1	8	5	6	3	7	2
2	3	6	9	7	4	8	1	5

186

2	6	4	8	1	3	9	7	5
8	7	9	5	2	4	1	3	6
5	1	3	6	9	7	4	8	2
4	3	5	2	7	6	8	9	1
1	9	6	3	5	8	7	2	4
7	8	2	1	4	9	6	5	3
9	2	7	4	3	1	5	6	8
6	5	1	7	8	2	3	4	9
3	4	8	9	6	5	2	1	7

187

3	5	1	9	8	6	7	2	4
9	7	8	4	1	2	3	6	5
6	2	4	5	3	7	9	1	8
2	1	3	8	7	4	6	5	9
7	8	9	2	6	5	4	3	1
5	4	6	3	9	1	2	8	7
8	9	2	7	5	3	1	4	6
1	3	5	6	4	9	8	7	2
4	6	7	1	2	8	5	9	3

188

1	9	7	4	3	8	2	6	5
2	5	4	1	9	6	3	7	8
3	6	8	5	7	2	4	9	1
8	2	9	7	5	3	1	4	6
5	1	3	2	6	4	7	8	9
7	4	6	8	1	9	5	3	2
9	7	2	6	4	5	8	1	3
4	3	5	9	8	1	6	2	7
6	8	1	3	2	7	9	5	4

189

6	8	5	2	9	4	1	3	7
1	7	9	8	6	3	2	4	5
3	2	4	1	5	7	8	9	6
5	4	6	3	1	9	7	8	2
2	1	3	5	7	8	9	6	4
8	9	7	6	4	2	5	1	3
9	6	2	4	8	5	3	7	1
7	5	1	9	3	6	4	2	8
4	3	8	7	2	1	6	5	9

190

5	8	1	7	6	2	9	4	3
6	3	7	4	9	1	2	8	5
9	2	4	5	8	3	7	6	1
4	6	2	8	5	7	1	3	9
7	1	9	6	3	4	5	2	8
8	5	3	2	1	9	6	7	4
1	9	8	3	2	6	4	5	7
2	4	5	9	7	8	3	1	6
3	7	6	1	4	5	8	9	2

191

6	3	9	2	4	1	5	7	8
1	2	7	6	5	8	9	3	4
4	8	5	7	9	3	6	2	1
9	1	2	8	3	5	7	4	6
7	5	6	9	2	4	1	8	3
8	4	3	1	7	6	2	9	5
3	9	1	5	8	7	4	6	2
5	7	4	3	6	2	8	1	9
2	6	8	4	1	9	3	5	7

192

6	4	8	1	7	3	9	5	2
9	5	2	8	4	6	7	1	3
1	3	7	2	5	9	6	8	4
4	1	6	3	9	5	2	7	8
2	9	5	7	6	8	3	4	1
7	8	3	4	1	2	5	6	9
8	7	9	6	3	1	4	2	5
3	6	1	5	2	4	8	9	7
5	2	4	9	8	7	1	3	6

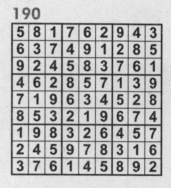

193

8	5	9	6	2	1	3	4	7
4	6	1	9	3	7	8	2	5
3	2	7	4	8	5	9	6	1
2	1	3	8	5	4	7	9	6
9	8	5	7	6	3	2	1	4
6	7	4	2	1	9	5	3	8
5	4	2	1	9	8	6	7	3
7	3	6	5	4	2	1	8	9
1	9	8	3	7	6	4	5	2

194

8	6	3	2	4	9	7	5	1
1	5	7	3	8	6	9	2	4
4	9	2	1	7	5	3	8	6
9	4	8	7	2	1	5	6	3
7	3	5	4	6	8	2	1	9
2	1	6	9	5	3	8	4	7
5	7	9	6	1	2	4	3	8
3	8	1	5	9	4	6	7	2
6	2	4	8	3	7	1	9	5

195

8	7	4	1	2	9	6	5	3
5	6	2	3	7	8	4	1	9
9	1	3	4	6	5	2	8	7
6	9	8	5	1	7	3	2	4
2	3	5	6	9	4	1	7	8
7	4	1	8	3	2	9	6	5
4	2	7	9	8	6	5	3	1
1	8	9	2	5	3	7	4	6
3	5	6	7	4	1	8	9	2

196

3	8	9	1	7	2	4	5	6
5	6	1	4	9	3	8	2	7
7	2	4	8	6	5	9	3	1
6	4	8	3	1	9	5	7	2
9	5	3	2	4	7	6	1	8
2	1	7	5	8	6	3	9	4
4	7	6	9	3	1	2	8	5
1	3	5	6	2	8	7	4	9
8	9	2	7	5	4	1	6	3

197

3	6	2	4	9	7	1	8	5
1	8	4	5	2	6	7	3	9
5	7	9	8	3	1	2	4	6
8	2	7	1	4	9	6	5	3
9	1	6	3	5	8	4	7	2
4	5	3	6	7	2	8	9	1
6	4	1	9	8	3	5	2	7
7	9	5	2	1	4	3	6	8
2	3	8	7	6	5	9	1	4

198

3	7	6	5	8	9	1	4	2
1	8	9	6	2	4	5	7	3
5	2	4	3	1	7	6	9	8
6	9	3	7	4	2	8	1	5
2	5	8	9	6	1	7	3	4
7	4	1	8	5	3	9	2	6
8	3	7	2	9	5	4	6	1
9	1	5	4	3	6	2	8	7
4	6	2	1	7	8	3	5	9

199

3	9	7	8	6	2	4	5	1
2	6	1	4	5	9	7	8	3
8	5	4	1	7	3	2	6	9
7	1	5	2	4	6	3	9	8
9	2	6	5	3	8	1	7	4
4	8	3	9	1	7	5	2	6
1	4	9	7	8	5	6	3	2
6	7	8	3	2	1	9	4	5
5	3	2	6	9	4	8	1	7

200

1	3	6	9	8	4	5	7	2
7	4	5	3	2	1	8	9	6
8	9	2	5	7	6	4	3	1
6	5	3	8	1	7	2	4	9
9	1	8	4	5	2	7	6	3
4	2	7	6	3	9	1	5	8
5	6	9	2	4	8	3	1	7
2	7	4	1	9	3	6	8	5
3	8	1	7	6	5	9	2	4

201

1	3	7	9	5	8	4	2	6
2	5	6	1	3	4	8	7	9
8	9	4	7	6	2	5	3	1
4	2	5	8	7	1	6	9	3
3	7	9	6	2	5	1	4	8
6	1	8	3	4	9	2	5	7
9	8	2	5	1	7	3	6	4
7	4	3	2	8	6	9	1	5
5	6	1	4	9	3	7	8	2

202

1	7	5	8	2	3	9	6	4
9	8	2	6	7	4	3	5	1
4	6	3	9	5	1	8	2	7
7	9	6	2	1	8	5	4	3
2	1	4	5	3	9	6	7	8
5	3	8	7	4	6	1	9	2
8	2	9	3	6	7	4	1	5
6	5	1	4	8	2	7	3	9
3	4	7	1	9	5	2	8	6

203

1	6	7	8	2	3	5	9	4
8	4	5	9	7	1	6	3	2
9	3	2	6	4	5	8	7	1
6	2	4	3	1	8	9	5	7
3	7	1	4	5	9	2	6	8
5	9	8	2	6	7	4	1	3
7	5	9	1	8	2	3	4	6
2	1	6	5	3	4	7	8	9
4	8	3	7	9	6	1	2	5

204

9	5	8	7	2	4	3	6	1
2	4	1	6	5	3	7	9	8
3	7	6	8	1	9	2	4	5
5	1	7	2	6	8	4	3	9
4	2	9	3	7	5	1	8	6
6	8	3	4	9	1	5	2	7
8	9	2	1	4	7	6	5	3
7	6	5	9	3	2	8	1	4
1	3	4	5	8	6	9	7	2

205

6	7	3	8	2	1	9	4	5
8	4	9	3	6	5	1	2	7
5	1	2	9	7	4	8	3	6
2	6	4	7	5	8	3	9	1
1	3	8	4	9	6	7	5	2
9	5	7	1	3	2	4	6	8
7	9	5	2	8	3	6	1	4
4	8	6	5	1	9	2	7	3
3	2	1	6	4	7	5	8	9

206

8	3	7	2	9	1	5	6	4
1	2	6	5	4	7	8	9	3
9	4	5	3	6	8	7	2	1
3	5	4	8	7	2	6	1	9
2	8	1	6	3	9	4	7	5
6	7	9	4	1	5	2	3	8
7	1	8	9	2	4	3	5	6
4	6	2	1	5	3	9	8	7
5	9	3	7	8	6	1	4	2

207

9	7	6	1	5	8	4	2	3
3	1	4	7	9	2	5	8	6
8	5	2	6	4	3	9	1	7
7	6	9	8	3	1	2	5	4
4	3	8	2	7	5	6	9	1
5	2	1	9	6	4	3	7	8
1	4	3	5	2	7	8	6	9
6	8	5	3	1	9	7	4	2
2	9	7	4	8	6	1	3	5

208

1	6	5	8	4	3	7	9	2
3	7	4	5	2	9	1	6	8
8	2	9	6	1	7	3	5	4
5	9	1	7	8	4	2	3	6
2	3	7	9	6	1	8	4	5
6	4	8	3	5	2	9	1	7
4	5	2	1	3	8	6	7	9
7	1	6	2	9	5	4	8	3
9	8	3	4	7	6	5	2	1

209

5	8	9	1	7	4	3	6	2
6	2	7	9	8	3	1	4	5
1	3	4	6	2	5	9	8	7
3	5	8	2	9	1	4	7	6
2	9	6	3	4	7	8	5	1
7	4	1	8	5	6	2	3	9
9	7	3	5	1	8	6	2	4
4	6	2	7	3	9	5	1	8
8	1	5	4	6	2	7	9	3

210

5	9	2	1	7	4	8	3	6
8	7	1	3	6	5	2	4	9
4	3	6	9	2	8	7	5	1
1	2	3	8	4	6	5	9	7
6	4	7	2	5	9	3	1	8
9	8	5	7	1	3	4	6	2
3	1	9	5	8	7	6	2	4
7	5	4	6	9	2	1	8	3
2	6	8	4	3	1	9	7	5

211

4	9	2	3	5	1	7	8	6
3	5	6	7	9	8	2	4	1
8	1	7	6	2	4	5	3	9
9	3	5	1	8	2	6	7	4
2	7	8	5	4	6	9	1	3
6	4	1	9	7	3	8	5	2
7	2	4	8	3	9	1	6	5
5	6	9	4	1	7	3	2	8
1	8	3	2	6	5	4	9	7

212

5	8	6	2	7	9	1	3	4
3	1	7	5	6	4	8	2	9
9	4	2	1	3	8	6	5	7
2	7	5	8	4	6	9	1	3
4	3	9	7	1	5	2	8	6
8	6	1	9	2	3	4	7	5
1	9	8	4	5	7	3	6	2
7	2	3	6	9	1	5	4	8
6	5	4	3	8	2	7	9	1

213

8	1	4	7	2	9	5	3	6
3	7	5	1	4	6	9	2	8
9	2	6	5	8	3	4	7	1
1	4	8	6	3	5	7	9	2
6	3	2	8	9	7	1	5	4
7	5	9	2	1	4	6	8	3
4	9	1	3	7	8	2	6	5
5	8	7	4	6	2	3	1	9
2	6	3	9	5	1	8	4	7

214

2	4	1	9	6	3	5	8	7
6	8	5	1	4	7	9	2	3
9	7	3	8	2	5	4	1	6
1	5	8	3	7	4	6	9	2
7	6	2	5	9	1	8	3	4
4	3	9	2	8	6	7	5	1
3	1	7	6	5	9	2	4	8
8	9	4	7	1	2	3	6	5
5	2	6	4	3	8	1	7	9

215

9	4	6	2	8	7	1	5	3
7	1	3	5	6	9	2	8	4
8	5	2	4	1	3	9	7	6
6	8	4	1	7	5	3	2	9
3	2	5	9	4	8	6	1	7
1	7	9	3	2	6	5	4	8
5	3	8	7	9	1	4	6	2
2	9	7	6	5	4	8	3	1
4	6	1	8	3	2	7	9	5

216

5	4	3	1	8	9	2	6	7
9	2	7	6	4	3	1	8	5
6	8	1	7	2	5	9	3	4
3	5	6	2	9	1	7	4	8
1	7	4	3	5	8	6	2	9
8	9	2	4	7	6	3	5	1
2	1	9	8	6	4	5	7	3
7	3	8	5	1	2	4	9	6
4	6	5	9	3	7	8	1	2

217

1	2	3	9	6	4	5	7	8
5	7	6	8	3	1	2	9	4
4	9	8	7	5	2	1	6	3
8	6	4	3	9	5	7	1	2
3	1	9	6	2	7	4	8	5
2	5	7	1	4	8	6	3	9
9	8	2	4	7	6	3	5	1
7	4	1	5	8	3	9	2	6
6	3	5	2	1	9	8	4	7

218

1	7	9	2	6	3	8	4	5
3	2	8	4	5	9	6	1	7
4	6	5	7	1	8	2	3	9
2	4	1	3	7	6	9	5	8
7	5	6	8	9	4	1	2	3
9	8	3	5	2	1	7	6	4
5	1	4	6	8	7	3	9	2
6	3	7	9	4	2	5	8	1
8	9	2	1	3	5	4	7	6

219

4	9	5	6	1	2	8	3	7
2	8	6	7	3	5	1	9	4
7	3	1	8	9	4	6	5	2
6	1	7	5	8	9	2	4	3
3	5	4	2	6	7	9	8	1
8	2	9	3	4	1	5	7	6
5	6	3	1	7	8	4	2	9
9	7	2	4	5	6	3	1	8
1	4	8	9	2	3	7	6	5

220

1	5	4	3	6	9	2	8	7
9	7	2	4	1	8	3	5	6
3	8	6	2	7	5	4	9	1
8	6	1	7	5	4	9	2	3
2	9	3	1	8	6	5	7	4
7	4	5	9	2	3	6	1	8
5	1	7	6	3	2	8	4	9
6	2	9	8	4	7	1	3	5
4	3	8	5	9	1	7	6	2

221

1	7	9	6	5	8	3	2	4
6	2	8	4	7	3	1	5	9
4	5	3	9	1	2	7	8	6
2	9	4	3	6	1	8	7	5
5	8	1	2	4	7	9	6	3
7	3	6	8	9	5	4	1	2
3	4	5	1	8	6	2	9	7
8	6	2	7	3	9	5	4	1
9	1	7	5	2	4	6	3	8

222

7	9	6	8	3	1	2	4	5
1	3	2	5	7	4	6	8	9
5	4	8	2	6	9	3	1	7
8	7	1	9	5	3	4	6	2
9	5	3	4	2	6	8	7	1
2	6	4	7	1	8	9	5	3
3	8	7	6	9	5	1	2	4
4	2	9	1	8	7	5	3	6
6	1	5	3	4	2	7	9	8

223

6	3	9	5	2	1	7	8	4
4	1	2	7	6	8	3	5	9
5	8	7	3	9	4	1	6	2
2	4	1	6	5	7	9	3	8
9	7	5	8	3	2	6	4	1
3	6	8	4	1	9	5	2	7
8	5	4	1	7	6	2	9	3
7	9	6	2	8	3	4	1	5
1	2	3	9	4	5	8	7	6

224

8	7	1	3	4	2	5	9	6
5	6	4	1	8	9	7	2	3
2	3	9	6	7	5	4	8	1
3	5	8	9	1	7	2	6	4
4	2	6	8	5	3	9	1	7
1	9	7	2	6	4	8	3	5
6	8	5	7	9	1	3	4	2
9	4	3	5	2	6	1	7	8
7	1	2	4	3	8	6	5	9

225

4	7	6	8	2	5	3	1	9
5	9	1	7	6	3	4	2	8
2	8	3	1	9	4	5	6	7
3	6	8	2	5	7	9	4	1
1	4	5	6	3	9	7	8	2
7	2	9	4	8	1	6	5	3
9	1	7	5	4	2	8	3	6
6	3	4	9	1	8	2	7	5
8	5	2	3	7	6	1	9	4

226

9	7	8	2	4	6	3	5	1
4	5	3	9	1	8	6	2	7
1	2	6	5	3	7	9	4	8
6	1	9	4	7	5	8	3	2
7	8	5	3	6	2	1	9	4
3	4	2	1	8	9	5	7	6
5	9	7	8	2	1	4	6	3
8	6	4	7	5	3	2	1	9
2	3	1	6	9	4	7	8	5

227

7	4	8	1	3	6	2	5	9
1	9	2	5	4	7	6	3	8
3	5	6	9	2	8	1	7	4
2	3	9	8	5	4	7	6	1
8	6	1	7	9	2	3	4	5
5	7	4	3	6	1	9	8	2
6	2	5	4	1	3	8	9	7
9	1	7	6	8	5	4	2	3
4	8	3	2	7	9	5	1	6

228

5	3	7	6	8	9	2	1	4
8	1	4	5	7	2	9	6	3
9	6	2	3	1	4	5	7	8
4	8	1	2	6	3	7	9	5
3	9	6	8	5	7	4	2	1
2	7	5	9	4	1	3	8	6
6	5	3	7	2	8	1	4	9
1	2	8	4	9	5	6	3	7
7	4	9	1	3	6	8	5	2

229

9	3	8	6	7	4	5	2	1
6	5	2	9	1	3	8	4	7
7	4	1	5	8	2	6	3	9
8	7	3	4	5	9	1	6	2
1	6	4	8	2	7	9	5	3
2	9	5	3	6	1	4	7	8
5	1	7	2	9	6	3	8	4
4	8	9	7	3	5	2	1	6
3	2	6	1	4	8	7	9	5

230

5	4	2	1	9	7	6	3	8
9	8	6	3	4	5	2	7	1
3	1	7	6	8	2	5	4	9
1	7	5	4	6	8	3	9	2
2	3	4	5	7	9	8	1	6
6	9	8	2	3	1	7	5	4
7	6	9	8	1	3	4	2	5
8	5	1	7	2	4	9	6	3
4	2	3	9	5	6	1	8	7

231

5	8	3	2	1	9	7	6	4
1	7	9	8	4	6	3	5	2
6	2	4	3	5	7	8	1	9
9	4	1	5	7	3	6	2	8
7	5	8	6	9	2	4	3	1
3	6	2	1	8	4	9	7	5
4	9	5	7	6	1	2	8	3
2	1	7	9	3	8	5	4	6
8	3	6	4	2	5	1	9	7

232

9	2	6	7	8	3	4	5	1
1	4	7	6	2	5	3	9	8
8	3	5	1	4	9	6	2	7
3	9	8	2	1	7	5	4	6
7	5	4	8	9	6	2	1	3
6	1	2	3	5	4	7	8	9
4	8	3	9	7	2	1	6	5
2	7	1	5	6	8	9	3	4
5	6	9	4	3	1	8	7	2

233

9	7	2	1	5	3	6	4	8
1	3	6	4	8	9	5	7	2
8	4	5	7	6	2	3	9	1
6	8	7	5	3	4	1	2	9
3	1	9	6	2	8	7	5	4
2	5	4	9	7	1	8	6	3
7	9	8	2	1	6	4	3	5
5	2	1	3	4	7	9	8	6
4	6	3	8	9	5	2	1	7

234

9	7	3	5	4	6	1	2	8
5	8	1	3	7	2	9	4	6
4	2	6	1	8	9	3	7	5
7	5	4	9	6	8	2	3	1
3	1	8	2	5	7	6	9	4
6	9	2	4	3	1	5	8	7
8	6	5	7	2	3	4	1	9
2	4	9	8	1	5	7	6	3
1	3	7	6	9	4	8	5	2

235

3	9	4	8	2	5	7	6	1
6	1	8	3	9	7	4	5	2
2	5	7	1	4	6	8	3	9
4	3	9	5	1	2	6	7	8
5	8	1	6	7	3	9	2	4
7	6	2	4	8	9	3	1	5
9	2	5	7	3	8	1	4	6
1	7	6	9	5	4	2	8	3
8	4	3	2	6	1	5	9	7

236

7	5	4	3	6	2	1	9	8
1	8	2	9	7	4	3	6	5
6	3	9	5	1	8	2	4	7
3	4	6	2	9	5	8	7	1
5	9	8	1	4	7	6	3	2
2	1	7	8	3	6	9	5	4
4	2	3	7	8	9	5	1	6
8	7	1	6	5	3	4	2	9
9	6	5	4	2	1	7	8	3

237

8	9	3	7	2	5	4	1	6
2	7	6	9	4	1	3	5	8
5	1	4	8	6	3	2	7	9
7	8	9	3	1	6	5	2	4
3	4	5	2	8	9	7	6	1
6	2	1	4	5	7	8	9	3
1	5	2	6	3	8	9	4	7
9	6	8	5	7	4	1	3	2
4	3	7	1	9	2	6	8	5

238

8	9	2	5	3	7	1	4	6
1	4	7	6	2	8	3	5	9
6	3	5	9	1	4	2	8	7
7	6	8	3	4	2	5	9	1
4	1	9	8	6	5	7	2	3
2	5	3	1	7	9	8	6	4
5	8	1	7	9	6	4	3	2
9	7	4	2	5	3	6	1	8
3	2	6	4	8	1	9	7	5

239

4	8	6	3	2	9	7	5	1
9	5	2	1	8	7	4	3	6
7	1	3	5	4	6	8	9	2
5	3	8	2	6	1	9	7	4
2	4	7	8	9	3	1	6	5
6	9	1	7	5	4	3	2	8
1	6	5	9	7	8	2	4	3
3	7	4	6	1	2	5	8	9
8	2	9	4	3	5	6	1	7

240

7	5	4	6	1	9	3	8	2
8	1	3	5	2	7	4	9	6
9	2	6	3	4	8	5	1	7
2	4	8	7	3	1	6	5	9
6	7	5	4	9	2	8	3	1
3	9	1	8	6	5	2	7	4
1	6	9	2	8	3	7	4	5
4	3	7	9	5	6	1	2	8
5	8	2	1	7	4	9	6	3

241

1	7	3	2	8	4	5	9	6
5	9	2	3	6	7	1	4	8
6	8	4	9	1	5	3	2	7
9	1	5	7	2	8	4	6	3
4	3	6	5	9	1	7	8	2
7	2	8	4	3	6	9	5	1
3	4	9	8	7	2	6	1	5
8	6	7	1	5	9	2	3	4
2	5	1	6	4	3	8	7	9

242

9	8	5	1	3	2	4	6	7
2	3	1	6	7	4	8	9	5
7	6	4	9	8	5	2	1	3
4	1	6	7	2	9	3	5	8
8	5	9	3	4	6	7	2	1
3	7	2	8	5	1	9	4	6
5	9	8	4	6	3	1	7	2
1	2	3	5	9	7	6	8	4
6	4	7	2	1	8	5	3	9

243

2	5	4	1	3	7	9	8	6
8	7	6	9	5	4	3	1	2
9	3	1	8	6	2	4	5	7
5	9	8	7	4	1	6	2	3
4	6	2	3	9	5	1	7	8
3	1	7	6	2	8	5	9	4
7	8	9	4	1	3	2	6	5
6	4	5	2	7	9	8	3	1
1	2	3	5	8	6	7	4	9

244

6	1	8	2	4	9	5	7	3
5	7	2	6	3	8	9	4	1
3	9	4	5	7	1	8	6	2
4	8	1	3	5	2	6	9	7
9	5	7	4	1	6	2	3	8
2	6	3	9	8	7	4	1	5
7	3	9	8	6	5	1	2	4
8	4	6	1	2	3	7	5	9
1	2	5	7	9	4	3	8	6

245

5	6	8	3	7	2	4	1	9
7	2	3	9	1	4	5	8	6
4	1	9	6	8	5	7	3	2
3	7	5	2	6	8	9	4	1
1	9	2	7	4	3	8	6	5
6	8	4	1	5	9	2	7	3
8	4	1	5	9	6	3	2	7
2	5	7	4	3	1	6	9	8
9	3	6	8	2	7	1	5	4

246

8	1	9	2	6	7	3	5	4
3	2	4	9	1	5	7	6	8
7	5	6	3	4	8	9	1	2
6	4	5	7	3	2	1	8	9
2	9	3	5	8	1	4	7	6
1	7	8	4	9	6	2	3	5
4	8	2	6	7	3	5	9	1
5	3	1	8	2	9	6	4	7
9	6	7	1	5	4	8	2	3

247

5	1	7	8	6	4	3	2	9
2	4	3	1	9	7	6	8	5
6	9	8	3	2	5	1	4	7
7	8	6	5	4	9	2	1	3
9	5	4	2	1	3	8	7	6
3	2	1	6	7	8	5	9	4
1	7	2	4	3	6	9	5	8
4	3	5	9	8	2	7	6	1
8	6	9	7	5	1	4	3	2

248

9	5	7	3	1	6	8	4	2
6	8	2	7	4	5	3	1	9
1	4	3	8	9	2	5	7	6
7	1	5	2	8	3	9	6	4
4	6	8	9	5	7	1	2	3
2	3	9	4	6	1	7	8	5
3	9	4	1	2	8	6	5	7
8	7	6	5	3	4	2	9	1
5	2	1	6	7	9	4	3	8

249

8	1	2	9	6	3	7	5	4
4	5	9	8	2	7	3	6	1
3	7	6	4	1	5	2	9	8
9	6	3	7	4	1	5	8	2
5	2	4	3	9	8	1	7	6
7	8	1	2	5	6	9	4	3
2	9	8	1	7	4	6	3	5
6	3	7	5	8	2	4	1	9
1	4	5	6	3	9	8	2	7

250

1	7	6	4	8	5	9	2	3
2	3	9	6	7	1	8	4	5
4	8	5	2	3	9	7	1	6
7	2	1	5	6	8	3	9	4
5	9	8	3	1	4	6	7	2
3	6	4	9	2	7	5	8	1
8	5	7	1	4	3	2	6	9
6	1	3	8	9	2	4	5	7
9	4	2	7	5	6	1	3	8

251

5	2	1	3	9	4	6	7	8
8	3	7	2	5	6	1	9	4
9	4	6	1	7	8	3	2	5
4	6	3	8	2	7	9	5	1
7	9	2	6	1	5	8	4	3
1	8	5	9	4	3	2	6	7
2	7	8	4	3	9	5	1	6
3	5	9	7	6	1	4	8	2
6	1	4	5	8	2	7	3	9

252

4	8	6	5	9	2	7	1	3
2	1	5	7	4	3	9	8	6
9	3	7	1	6	8	5	4	2
8	5	1	3	7	9	2	6	4
7	4	3	6	2	1	8	5	9
6	2	9	8	5	4	1	3	7
1	9	8	4	3	7	6	2	5
5	7	4	2	8	6	3	9	1
3	6	2	9	1	5	4	7	8

253

1	2	6	3	8	7	9	5	4
5	8	4	2	9	1	3	6	7
7	3	9	4	6	5	2	1	8
6	4	3	9	2	8	1	7	5
8	9	1	7	5	3	6	4	2
2	7	5	1	4	6	8	9	3
3	5	8	6	7	9	4	2	1
4	6	7	8	1	2	5	3	9
9	1	2	5	3	4	7	8	6

254

1	3	9	8	5	4	2	7	6
7	6	5	1	2	9	4	3	8
2	8	4	3	7	6	5	9	1
5	4	7	6	1	3	8	2	9
8	1	3	9	4	2	6	5	7
6	9	2	7	8	5	1	4	3
3	2	8	5	9	1	7	6	4
9	5	1	4	6	7	3	8	2
4	7	6	2	3	8	9	1	5

255

6	9	4	7	3	1	5	2	8
3	5	7	2	4	8	9	1	6
8	2	1	9	5	6	3	4	7
5	7	2	8	9	3	1	6	4
4	3	9	1	6	7	2	8	5
1	6	8	5	2	4	7	3	9
7	1	5	4	8	2	6	9	3
2	4	3	6	7	9	8	5	1
9	8	6	3	1	5	4	7	2

256

3	7	4	1	9	2	5	6	8
9	8	5	3	6	4	2	1	7
2	6	1	5	8	7	9	3	4
4	3	6	7	5	1	8	9	2
8	5	2	9	3	6	7	4	1
1	9	7	2	4	8	6	5	3
7	2	9	6	1	3	4	8	5
6	4	3	8	7	5	1	2	9
5	1	8	4	2	9	3	7	6

257

7	2	8	1	6	3	4	5	9
6	4	3	9	7	5	1	8	2
1	9	5	8	4	2	6	7	3
4	3	9	5	1	6	8	2	7
8	7	6	3	2	4	5	9	1
2	5	1	7	8	9	3	4	6
5	1	4	6	9	7	2	3	8
3	6	7	2	5	8	9	1	4
9	8	2	4	3	1	7	6	5

258

9	4	3	5	1	7	8	2	6
1	6	7	9	8	2	4	5	3
8	2	5	6	4	3	7	1	9
2	9	4	3	5	8	1	6	7
7	5	1	4	6	9	3	8	2
3	8	6	2	7	1	9	4	5
5	1	8	7	3	6	2	9	4
6	3	2	1	9	4	5	7	8
4	7	9	8	2	5	6	3	1

259

7	8	6	9	1	2	4	5	3
3	2	5	7	8	4	6	9	1
4	1	9	3	5	6	8	7	2
9	3	4	5	2	7	1	8	6
1	7	2	4	6	8	5	3	9
5	6	8	1	3	9	7	2	4
6	5	1	8	9	3	2	4	7
8	4	3	2	7	1	9	6	5
2	9	7	6	4	5	3	1	8

260

2	4	1	8	3	5	6	9	7
3	8	7	1	6	9	5	4	2
5	6	9	7	2	4	8	3	1
1	7	5	9	4	6	2	8	3
6	9	4	3	8	2	1	7	5
8	3	2	5	7	1	4	6	9
4	5	6	2	9	7	3	1	8
9	2	8	4	1	3	7	5	6
7	1	3	6	5	8	9	2	4

261

7	5	2	1	4	3	6	9	8
8	4	3	6	9	2	5	7	1
6	1	9	7	8	5	3	4	2
3	7	4	8	6	9	2	1	5
9	8	1	2	5	7	4	3	6
5	2	6	3	1	4	7	8	9
1	3	5	4	2	8	9	6	7
2	6	7	9	3	1	8	5	4
4	9	8	5	7	6	1	2	3

262

9	4	2	5	8	3	1	6	7
6	7	8	4	1	2	3	9	5
1	5	3	9	6	7	4	2	8
7	1	9	8	2	5	6	3	4
4	2	6	7	3	1	5	8	9
3	8	5	6	4	9	2	7	1
2	6	4	1	9	8	7	5	3
5	9	1	3	7	6	8	4	2
8	3	7	2	5	4	9	1	6

263

9	8	3	6	5	2	1	4	7
4	7	1	8	9	3	5	6	2
6	5	2	7	1	4	9	8	3
2	6	7	1	8	9	4	3	5
5	1	8	3	4	6	7	2	9
3	4	9	2	7	5	8	1	6
7	3	5	4	6	8	2	9	1
8	9	6	5	2	1	3	7	4
1	2	4	9	3	7	6	5	8

264

7	1	8	6	4	9	2	5	3
9	4	6	2	5	3	1	8	7
2	3	5	8	7	1	9	6	4
5	8	2	3	9	6	4	7	1
1	7	3	4	8	5	6	2	9
6	9	4	7	1	2	5	3	8
8	2	7	1	6	4	3	9	5
3	5	1	9	2	7	8	4	6
4	6	9	5	3	8	7	1	2

265

1	7	3	2	8	4	5	6	9
8	6	9	5	3	7	2	1	4
5	2	4	9	1	6	3	8	7
2	8	1	3	4	5	9	7	6
6	9	5	1	7	2	4	3	8
3	4	7	8	6	9	1	2	5
7	3	2	4	9	8	6	5	1
9	5	8	6	2	1	7	4	3
4	1	6	7	5	3	8	9	2

266

4	5	3	6	2	7	1	9	8
2	7	8	9	1	5	6	4	3
1	6	9	3	4	8	2	5	7
3	9	7	8	5	2	4	1	6
5	2	6	4	3	1	7	8	9
8	4	1	7	6	9	3	2	5
6	8	4	1	9	3	5	7	2
9	1	5	2	7	6	8	3	4
7	3	2	5	8	4	9	6	1

267

8	2	3	6	4	1	7	5	9
4	9	5	7	3	2	1	8	6
6	1	7	9	5	8	2	3	4
5	3	1	2	8	9	6	4	7
7	4	2	3	1	6	5	9	8
9	8	6	4	7	5	3	2	1
2	6	4	5	9	7	8	1	3
1	5	9	8	6	3	4	7	2
3	7	8	1	2	4	9	6	5

268

9	7	6	2	4	3	1	8	5
8	2	5	6	7	1	4	3	9
3	4	1	8	5	9	7	6	2
4	9	3	1	8	5	6	2	7
5	8	2	4	6	7	3	9	1
6	1	7	9	3	2	5	4	8
1	3	8	7	9	6	2	5	4
7	5	4	3	2	8	9	1	6
2	6	9	5	1	4	8	7	3

269

5	8	9	6	2	3	4	1	7
2	7	4	1	5	8	6	9	3
1	3	6	9	4	7	8	2	5
9	4	1	3	6	2	7	5	8
8	6	5	7	1	9	3	4	2
7	2	3	4	8	5	1	6	9
4	5	8	2	3	6	9	7	1
3	1	7	5	9	4	2	8	6
6	9	2	8	7	1	5	3	4

270

4	6	9	1	7	2	5	8	3
8	3	7	6	5	9	1	4	2
1	5	2	8	4	3	9	6	7
7	2	4	5	3	1	6	9	8
5	9	8	4	2	6	7	3	1
6	1	3	9	8	7	4	2	5
9	7	1	2	6	8	3	5	4
3	8	5	7	9	4	2	1	6
2	4	6	3	1	5	8	7	9

271

4	6	9	7	1	8	2	5	3
8	5	2	4	3	9	6	1	7
3	1	7	5	6	2	8	9	4
5	3	6	9	7	4	1	8	2
7	2	4	6	8	1	5	3	9
1	9	8	3	2	5	7	4	6
2	7	5	1	9	3	4	6	8
9	8	1	2	4	6	3	7	5
6	4	3	8	5	7	9	2	1

272

9	4	3	2	6	1	8	5	7
5	8	7	4	9	3	6	1	2
1	2	6	7	8	5	9	3	4
4	9	8	5	7	6	1	2	3
6	3	5	1	4	2	7	9	8
2	7	1	9	3	8	4	6	5
3	5	9	8	1	7	2	4	6
8	1	2	6	5	4	3	7	9
7	6	4	3	2	9	5	8	1

273

9	2	6	8	1	7	3	5	4
4	7	5	9	3	2	1	6	8
3	8	1	6	4	5	2	9	7
7	6	3	2	8	4	9	1	5
5	4	2	3	9	1	8	7	6
1	9	8	5	7	6	4	2	3
8	1	9	7	5	3	6	4	2
2	3	7	4	6	9	5	8	1
6	5	4	1	2	8	7	3	9

274

9	6	1	5	4	2	3	8	7
2	5	3	6	8	7	4	1	9
7	8	4	1	9	3	6	2	5
4	3	8	9	2	6	5	7	1
1	2	6	8	7	5	9	3	4
5	9	7	4	3	1	2	6	8
3	1	9	2	5	8	7	4	6
6	4	2	7	1	9	8	5	3
8	7	5	3	6	4	1	9	2

275

1	9	7	6	5	3	2	8	4
8	6	5	4	1	2	9	3	7
3	2	4	7	9	8	6	5	1
6	5	1	9	8	7	3	4	2
9	4	8	3	2	5	1	7	6
2	7	3	1	4	6	5	9	8
7	8	6	2	3	9	4	1	5
5	1	9	8	6	4	7	2	3
4	3	2	5	7	1	8	6	9

276

5	7	1	8	2	3	9	4	6
6	4	8	5	7	9	2	3	1
2	3	9	1	6	4	5	7	8
3	8	2	9	5	6	4	1	7
1	5	4	3	8	7	6	2	9
9	6	7	2	4	1	3	8	5
8	1	5	4	9	2	7	6	3
4	9	6	7	3	8	1	5	2
7	2	3	6	1	5	8	9	4

277

5	1	2	7	9	4	6	8	3
3	6	8	2	1	5	4	7	9
9	4	7	3	6	8	5	1	2
8	5	9	4	3	2	7	6	1
1	7	6	5	8	9	3	2	4
4	2	3	1	7	6	8	9	5
7	8	1	9	5	3	2	4	6
2	9	5	6	4	7	1	3	8
6	3	4	8	2	1	9	5	7

278

5	3	2	6	9	7	1	8	4
8	7	9	3	4	1	5	2	6
1	4	6	2	5	8	3	9	7
3	9	1	4	8	2	6	7	5
4	6	5	9	7	3	2	1	8
7	2	8	5	1	6	9	4	3
2	5	7	8	6	9	4	3	1
9	8	4	1	3	5	7	6	2
6	1	3	7	2	4	8	5	9

279

4	5	7	6	8	3	9	1	2
2	1	8	4	7	9	3	5	6
6	3	9	1	5	2	7	4	8
9	4	3	5	6	7	8	2	1
7	6	1	8	2	4	5	9	3
5	8	2	3	9	1	4	6	7
1	9	5	7	3	6	2	8	4
3	2	6	9	4	8	1	7	5
8	7	4	2	1	5	6	3	9

280

1	3	5	4	7	8	6	2	9
2	4	8	1	9	6	5	7	3
7	6	9	2	3	5	1	4	8
9	1	2	5	6	3	4	8	7
6	8	3	7	1	4	9	5	2
4	5	7	9	8	2	3	1	6
3	2	1	6	5	7	8	9	4
8	9	4	3	2	1	7	6	5
5	7	6	8	4	9	2	3	1

281

9	5	4	6	3	2	1	7	8
7	8	2	9	5	1	3	6	4
6	1	3	8	7	4	9	5	2
3	4	1	2	8	6	7	9	5
5	9	6	3	4	7	2	8	1
8	2	7	5	1	9	4	3	6
1	6	9	7	2	8	5	4	3
4	3	8	1	9	5	6	2	7
2	7	5	4	6	3	8	1	9

282

8	7	5	4	1	9	6	3	2
3	9	1	8	2	6	5	4	7
4	6	2	7	5	3	9	1	8
5	1	9	2	7	4	8	6	3
2	3	7	6	9	8	4	5	1
6	4	8	5	3	1	2	7	9
7	2	3	9	6	5	1	8	4
9	5	4	1	8	7	3	2	6
1	8	6	3	4	2	7	9	5

283

3	5	1	6	8	4	7	9	2
8	7	2	3	9	1	6	5	4
9	6	4	7	2	5	8	3	1
7	4	3	5	1	2	9	8	6
6	1	9	8	7	3	4	2	5
2	8	5	4	6	9	3	1	7
5	9	6	2	4	8	1	7	3
1	2	7	9	3	6	5	4	8
4	3	8	1	5	7	2	6	9

284

5	7	4	6	3	8	9	2	1
9	2	3	7	1	5	6	4	8
6	8	1	2	4	9	5	3	7
1	9	8	3	5	7	4	6	2
7	5	2	4	8	6	1	9	3
3	4	6	9	2	1	8	7	5
8	3	9	1	6	2	7	5	4
2	6	5	8	7	4	3	1	9
4	1	7	5	9	3	2	8	6

285

4	3	9	6	7	1	8	5	2
7	2	5	3	8	9	1	6	4
1	6	8	5	2	4	3	9	7
9	8	6	7	1	3	2	4	5
5	7	3	8	4	2	9	1	6
2	4	1	9	5	6	7	3	8
6	1	2	4	3	7	5	8	9
8	9	7	1	6	5	4	2	3
3	5	4	2	9	8	6	7	1

286

7	4	2	5	6	9	1	3	8
8	3	1	2	4	7	6	9	5
6	5	9	1	8	3	7	2	4
2	1	5	3	7	8	9	4	6
4	8	6	9	2	1	3	5	7
3	9	7	6	5	4	8	1	2
5	2	3	7	1	6	4	8	9
1	7	4	8	9	2	5	6	3
9	6	8	4	3	5	2	7	1

287

6	2	9	7	3	8	1	4	5
3	5	7	9	4	1	2	6	8
1	4	8	6	2	5	3	9	7
7	6	1	2	8	9	5	3	4
5	9	3	4	1	6	8	7	2
4	8	2	3	5	7	9	1	6
9	1	5	8	7	4	6	2	3
2	7	6	5	9	3	4	8	1
8	3	4	1	6	2	7	5	9

288

1	8	3	9	6	2	7	5	4
4	2	9	5	7	3	8	1	6
7	5	6	1	8	4	9	2	3
5	6	8	2	3	1	4	7	9
9	1	7	6	4	8	2	3	5
3	4	2	7	9	5	6	8	1
6	3	1	8	2	9	5	4	7
8	7	4	3	5	6	1	9	2
2	9	5	4	1	7	3	6	8

289

5	8	9	7	4	6	2	3	1
6	2	3	9	5	1	4	8	7
7	4	1	3	2	8	9	5	6
4	3	2	1	6	5	7	9	8
8	6	7	2	9	4	3	1	5
1	9	5	8	7	3	6	4	2
9	5	6	4	1	7	8	2	3
2	1	8	6	3	9	5	7	4
3	7	4	5	8	2	1	6	9

290

8	4	2	3	9	7	6	1	5
5	6	9	4	1	2	3	7	8
3	7	1	5	6	8	9	2	4
2	9	5	6	8	4	7	3	1
6	8	7	1	3	5	2	4	9
4	1	3	2	7	9	8	5	6
7	5	6	9	4	3	1	8	2
1	2	8	7	5	6	4	9	3
9	3	4	8	2	1	5	6	7

291

3	5	7	2	9	8	6	4	1
6	1	9	3	4	7	8	5	2
8	2	4	6	5	1	3	7	9
5	8	1	9	7	2	4	3	6
7	6	2	5	3	4	1	9	8
4	9	3	1	8	6	7	2	5
9	7	5	8	6	3	2	1	4
2	4	6	7	1	9	5	8	3
1	3	8	4	2	5	9	6	7

292

9	5	7	3	6	8	4	1	2
3	4	1	7	2	5	9	6	8
2	6	8	4	1	9	3	5	7
1	9	6	5	3	2	8	7	4
5	8	4	6	9	7	1	2	3
7	2	3	8	4	1	5	9	6
4	3	5	1	7	6	2	8	9
6	1	9	2	8	3	7	4	5
8	7	2	9	5	4	6	3	1

293

3	6	2	1	8	7	9	4	5
7	1	5	4	9	6	3	8	2
4	8	9	2	3	5	7	1	6
2	7	8	3	6	9	4	5	1
9	5	1	8	7	4	6	2	3
6	3	4	5	2	1	8	9	7
8	9	3	7	5	2	1	6	4
5	4	6	9	1	3	2	7	8
1	2	7	6	4	8	5	3	9

294

3	6	9	1	8	4	7	2	5
2	5	4	6	7	9	8	1	3
1	7	8	5	2	3	9	4	6
7	8	5	3	6	2	1	9	4
6	2	3	4	9	1	5	7	8
9	4	1	8	5	7	6	3	2
5	1	2	7	4	6	3	8	9
4	3	6	9	1	8	2	5	7
8	9	7	2	3	5	4	6	1

295

6	1	4	5	9	2	3	8	7
7	9	5	4	8	3	1	2	6
2	8	3	7	1	6	9	5	4
1	2	9	6	5	4	7	3	8
3	4	8	9	2	7	6	1	5
5	6	7	1	3	8	4	9	2
9	3	6	2	4	5	8	7	1
4	5	1	8	7	9	2	6	3
8	7	2	3	6	1	5	4	9

296

4	6	2	9	3	5	7	8	1
3	5	1	8	7	2	4	6	9
7	9	8	1	4	6	2	5	3
8	3	6	5	1	4	9	2	7
5	2	9	3	8	7	6	1	4
1	4	7	2	6	9	5	3	8
2	8	4	6	9	1	3	7	5
9	1	5	7	2	3	8	4	6
6	7	3	4	5	8	1	9	2

297

1	2	3	6	9	7	4	5	8
8	7	4	2	1	5	3	9	6
9	5	6	8	4	3	2	7	1
4	3	7	5	8	6	9	1	2
5	6	9	4	2	1	7	8	3
2	8	1	7	3	9	5	6	4
7	4	2	1	5	8	6	3	9
3	1	5	9	6	2	8	4	7
6	9	8	3	7	4	1	2	5

298

1	6	7	4	3	2	8	9	5
8	9	3	1	7	5	2	4	6
5	4	2	9	8	6	1	3	7
6	8	4	7	9	1	3	5	2
3	2	5	6	4	8	9	7	1
9	7	1	5	2	3	6	8	4
4	3	6	8	1	7	5	2	9
2	5	9	3	6	4	7	1	8
7	1	8	2	5	9	4	6	3

299

8	7	1	6	9	3	2	5	4
4	6	9	1	2	5	7	3	8
2	3	5	7	8	4	1	9	6
1	2	4	9	5	7	8	6	3
7	9	8	3	6	2	4	1	5
3	5	6	4	1	8	9	7	2
9	4	7	2	3	6	5	8	1
5	1	3	8	4	9	6	2	7
6	8	2	5	7	1	3	4	9

300

3	9	4	6	7	8	1	2	5
5	6	7	2	1	3	9	8	4
1	8	2	4	9	5	6	7	3
7	2	6	8	5	4	3	1	9
9	1	5	7	3	6	8	4	2
8	4	3	1	2	9	7	5	6
4	3	1	5	6	7	2	9	8
6	7	8	9	4	2	5	3	1
2	5	9	3	8	1	4	6	7